KiWi 15

Boris und Lena Nikitin
Vom ersten Lebensjahr bis zur Schule

Boris und Lena Nikitin

Vom ersten Lebensjahr
bis zur Schule

Herausgegeben
und aus dem Russischen übersetzt
von Marianna Butenschön

Kiepenheuer & Witsch

Zuerst erschienen unter dem Titel
Ot goda do schkoly
© 1977 by Boris und Lena Nikitin
Ergänzungen wurden übernommen aus der erweiterten und
1980 in Moskau unter dem Titel *My i naschi djeti*
(Wir und unsere Kinder) erschienenen Ausgabe
Herausgegeben und aus dem Russischen übersetzt
von Marianna Butenschön
© 1978, 1982 by Verlag Kiepenheuer & Witsch, Köln
Umschlag Hannes Jähn, Köln
Gesamtherstellung Clausen & Bosse, Leck
ISBN 3 462 01538 9

Inhalt

Vorwort

Die Schriften des russischen Pädagogen-Ehepaares Boris und Lena Nikitin haben in den letzten Jahren in der Bundesrepublik weite Verbreitung gefunden. Viele junge Eltern haben sie gelesen, viele haben von ihnen gehört, und eine »Nikitinianer«-Gemeinde hat sich gebildet. Aus zahlreichen Leserbriefen weiß ich, daß das Interesse an den Nikitins unverändert groß ist, und immer wieder werde ich gefragt: »Was ist eigentlich aus denen geworden?«

Der Erfolg der Bücher *Die Nikitin-Kinder* und *Aufbauende Spiele,* 1978 und 1980 erschienen, die anhaltende Diskussion um das »Familienexperiment« in Bolschewo, die vielen Zuschriften, aber auch die steigenden Buchpreise haben den Verlag bewogen, den dritten Teil aus den »Nikitin-Kindern«, in dem die Autoren die Jahre in ihrem »häuslichen« Kindergarten beschreiben, in einer überarbeiteten und erweiterten Fassung als preisgünstige Broschüre herauszubringen, um noch mehr Eltern auf die originellen und vergleichsweise unorthodoxen Erziehungsmethoden der Nikitins aufmerksam zu machen.

Die vorliegende Fassung ist ein Auszug aus dem Buch *Wir und unsere Kinder,* das 1979 in einer Auflage von 150 000 Exemplaren in Moskau erschienen ist und über Nacht vergriffen war. Der gleiche Erfolg war den 200 000 Exemplaren der zweiten Auflage dieses Buches beschieden, die schon 1980 herauskam und nach kurzer Zeit in keinem Buchladen mehr zu finden war.

Die Zahlen belegen, daß Boris und Lena Nikitin, die an die fünfzehn Jahre um Beachtung und Anerkennung seitens der etablierten pädagogischen Wissenschaft und der Laienöffentlichkeit kämpfen mußten, inzwischen in ihrer Heimat zu Bestseller-Autoren geworden sind und viele Anhänger und Freunde gefunden haben. Das ist ein Grund mehr, um die Diskussion um die Kinder von Bolschewo auch bei uns fortzusetzen, zumal das internationale Interesse an den ungewöhnlichen erziehungswissenschaftlichen Ansätzen und den erstaunlichen praktischen Erfahrungen in der Familie Nikitin stetig wächst: In Amsterdam ist eine niederländische Ausgabe der *Nikitin-Kinder* erschienen, in Tokio kam *Wir und unsere Kinder* auf Japanisch heraus (auch eine japanische Ausgabe der *Aufbauenden Spiele* ist geplant), in Sofia wurde die allererste Arbeit der Nikitins *Haben wir recht?* aus dem Jahre 1963 ins Bulgarische übersetzt, und neuerdings interessiert sich auch ein amerikanischer Verlag für die Schriften der Nikitins.

Denjenigen Lesern, die mit diesem Buch zum ersten Mal auf die Nikitins stoßen, hätte ich natürlich gerne eine ausführliche Einführung gegeben – wie es sich für ein ordentliches Vorwort gehört. Doch angesichts des Platzmangels muß ich mich auf ein paar Sätze beschränken. Vielleicht gelingt es mir trotzdem, die Neugier der »Neulinge« zu wecken und sie zur Anschaffung der beiden oben genannten Bücher zu ermuntern.

Die Familie Nikitin wohnt in der Siedlung Bolschewo rund 40 Kilometer nordöstlich von Moskau. Boris Pawlowitsch, der Vater, geb. 1916 in einer Arztfamilie im Kaukasus, ist von Beruf Ingenieur, aus Berufung Erzieher. Lena Alexejewna, die Mutter, geb. 1930 in Bolschewo als Tochter eines Ingenieurs, ist von Beruf Bibliothekarin, aber auch aus Berufung Erzieherin. Die beiden haben sieben Kinder, die zwischen 1959 und 1971 geboren wurden und nach einem im Laufe der Jahre von den Eltern entwickelten Modell frühkindlicher Entwicklung erzogen wurden, das in der Sowjetunion bis in die jüngste Zeit heftig umstritten war. Der Prophet gilt bekanntlich nichts im eigenen Land, und deshalb hatten die Eltern Nikitin es schwer, sich mit ihrer Ansicht durchzusetzen, daß die Menschen ihr Leben auf einem viel zu niedrigen intellektuellen Niveau verbringen – nicht weil wir dumm geboren werden, sondern weil unsere angeborenen schöpferischen Fähigkeiten nicht rechtzeitig erkannt und gefördert werden. Die Nikitin-Kinder haben sich infolge der früheren Förderung und Forderung durch die Eltern und unter ihrer liebevollen Obhut schneller und allseitiger entwickelt als ihre Altersgenossen, wurden früher eingeschult oder übersprangen ein paar Klassen und machten das sowjetische Abitur ein paar Jahre eher, die beiden älteren Söhne mit 13 statt mit 17.

Unter Umgehung des Kindergartens wuchsen die jungen Nikitins zu begabten und selbstbewußten, kräftigen und gesunden Menschen heran, denen die Schule keinerlei Probleme bereitete und denen sich auch auf ihrem weiteren Ausbildungsweg bisher keine größeren Hindernisse stellten. Zum Konzept der frühen Entwicklung gehört aber nicht nur die intellektuelle Ansprache, das frühe Lesen und Schreiben, sondern auch das sehr wichtige Moment der Körperkultur im weitesten Sinne, viel Sport und Abhärtung von den Windeln an, damit dem Kind die leidigen Erkältungskrankheiten und spätere Haltungsschäden erspart bleiben. Die Eltern betonen ausdrücklich, daß sie sich in ihrer gesamten Erziehungsarbeit, die ihnen eine Lebensaufgabe ist, immer nur von den sorgsam beobachteten Möglichkeiten ihrer Kinder, nie aber von Zwang, haben leiten lassen. Ihre Bücher sind eine reiche Fundgrube für alle am schweren Werk der Erziehung Interessierten – die Nikitins selbst empfehlen ausdrücklich, sie nicht blind nachzuahmen.

Das hängt auch damit zusammen, daß ihr »Familienexperiment« bisher noch nicht die nötige wissenschaftliche Bewertung erfahren hat, weil die sowjetische Akademie der Pädagogischen Wissenschaften sich mit Stellungnahmen nach wie vor zurückhält. Die Frage der Übertragbarkeit der Nikitin'schen Methoden muß insofern einstweilen noch offen bleiben.

Um so erstaunlicher ist die Rezeption in der pädagogisch interessierten Laienöffentlichkeit, also bei den Eltern, die nicht nur weiter nach Bolschewo »pilgern« und die Familie mit Briefen überschütten, sondern auf Eigeninitiative Vorträge veranstalten und Elternclubs gründen. 1979 waren die Nikitins zu über 90 Vorträgen in der ganzen Sowjetunion eingeladen, 1980 zu 68, 1981 zu 84. In den ersten vier Monaten des Jahres 1982 hatten sie schon 54 Einladungen erhalten. Folgendes berichtet Boris Pawlowitsch von einer Veranstaltung des Elternclubs »Suche« in Leningrad, die im Saal eines großen Kulturpalastes mit 1 200 Plätzen stattfand: Der Saal war bis auf den letzten Platz besetzt. Die Nikitins sprachen ungefähr zweieinhalb Stunden, zeigten ihre Filme und beantworteten Fragen. Das Ganze dauerte ohne Pause von 11.00 Uhr morgens bis 17.30 nachmittags, und an die 150 Fragen konnten trotzdem nicht alle beantwortet werden.

Dieser Erfolg scheint auch damit zusammenzuhängen, daß die älteren Kinder herangewachsen sind und daß die schlimmen Vorhersagen aus der Anfangszeit sich nicht bewahrheitet haben. Überdies haben alle jungen Nikitins ein ausgesprochenes inniges Verhältnis zu ihren Eltern und an der Art, wie sie erzogen wurden, wenig auszusetzen.

Nun, und was ist aus ihnen geworden?

Alexej, der 1959 geborene älteste Sohn, hat im Juni das Staatsexamen an einer pädagogischen Hochschule in Moskau abgelegt. Er wird als Physiklehrer in der Schule arbeiten oder als wissenschaftlicher Mitarbeiter in einem Institut tätig werden. Alexej ist bereits verheiratet und hat eine zwei Jahre alte Tochter. Die jungen Leute leben in Moskau und sind selten in Bolschewo. Die kleine Lena kennt aber schon das halbe Alphabet, versichert Großvater Nikitin.

Anton, der 1961 geborene zweite Sohn, hat sein Chemiestudium an der Moskauer Universität abgeschlossen und bereitet sich auf die Aspirantur, die unserer Promotion entspricht, vor. Er will Wissenschaftler werden.

Olga, die 1962 geborene älteste Tochter, beginnt im Herbst

ihr 7. Semester Jura an der Moskauer Universität. Sie hat im April geheiratet, einen Studienkollegen ihres Bruders Anton. Das junge Paar lebt in einem Zimmer des kleinen Hauses in Bolschewo.

Anna, geb. 1964, hat im vorigen Jahr eine Medizinische Fachschule absolviert. Ursprünglich wollte sie Kinderärztin werden. Aber zur Zeit arbeitet sie als Krankenschwester in einem Kinderkrankenhaus und will nun Biologie an der Moskauer Universität studieren.

Julija, geb. 1966, hat die Ausbildung zur Bibliothekarin abgeschlossen, möchte aber noch weiterlernen. Sie interessiert sich für Literatur und Musik, hat sich aber noch nicht endgültig entschlossen, welches Fach sie studieren will.

Iwan und Ljuba, geb. 1969 und 1971, gehen noch zur Schule und kommen im Herbst zusammen in die 7. Klasse. Ihre Klassenkameraden sind zwei bis drei Jahre älter als sie. Die beiden haben keine Probleme in der Schule, die Eltern ärgert lediglich, das Ljuba, das Nesthäkchen, nur ungern zu Hause hilft und sich gerne bitten läßt.

Die Eltern bereiten unterdessen neue Bücher vor, soweit sie neben ihren Vortragsreisen dazu kommen. Boris Pawlowitsch schreibt unter dem Titel »Die neuen Anfänge der angewandten Pädagogik« ein Buch für junge Eltern, das 1983 fertig werden soll. Es ist ein Buch über den Abschied von den traditionellen Methoden der Erziehung. Lena Alexejewna, die sich schon mit 50 Jahren pensionieren lassen konnte, weil sie kinderreiche Mutter ist (sonst liegt das Rentenalter für Frauen in der UdSSR bei 55 Jahren), arbeitet neuerdings regelmäßig an einer populären Elternsendung des Moskauer Fernsehens mit. Der Verlag »Wissen« hat bei ihr ein Buch in Auftrag gegeben, das den Titel »Muttertalent« tragen sollte. Sie hat ihn abgeändert in: »Meine sieben Universitäten«.

Neuerdings meint sie, das Buch müsse heißen: »Ich lerne, Mutter zu sein.« Es soll Ende 1982 fertig sein.

Ich freue mich auf Neues aus Bolschewo.
Pfingsten 1982   Marianna Butenschön

Vorschulkindheit. Die Bezeichnung selbst erinnert gleichsam daran, daß die Kinder die Schule noch vor sich haben. Doch diese Schule mit ihren neuen Lehrplänen und ihren ungewohnten Anforderungen macht den Eltern heutzutage auch Angst. Und deshalb halten manche Väter und Mütter, die ihr Kind besser auf das bevorstehende Schulleben, das dem häuslichen Leben so wenig gleicht, vorbereiten wollen, von Zeit zu Zeit zu Hause mit ihren fünf-, sechsjährigen Kindern schon »richtigen« Unterricht ab: »Sitz, wie es sich gehört!«, »Dreh dich nicht rum!«, »Wiederhol das noch mal!«, »Gib eine volle Antwort!«, »Lern das auswendig!«, »Solange du das nicht kannst, kommst du nicht zum Spielen raus!«

Wenn die Eltern dann aber sehen, daß ihre Ergebnisse nicht besonders gut sind, so sehr sie sich auch abmühen, lassen sie den Mut sinken: »Zappelphilip, Träumer, Dickkopf – was soll bloß in der Schule aus dem Kind werden?« Und sie fahren fort, eine Antwort auf die Frage zu suchen: Wie soll man denn nun das Kind auf die Schule vorbereiten? Sie lesen darüber in Zeitschriften und Broschüren, in denen im einzelnen erzählt wird, womit und wie man das Kind bis zur Einschulung zu beschäftigen hat. Und in ihren zahlreichen Briefen wenden sie sich häufig an uns mit der Bitte: »Erzählen Sie, wie Sie Ihren Kindern lesen und rechnen beigebracht haben und aufmerksam und ausdauernd zu sein? Warum brauchen sie nur so wenig Zeit für die Hausaufgaben und können sogar Klassen ›überspringen‹? Worum handelt es sich da, um angeborene

Fähigkeiten, oder haben Sie ein besonderes Vorbereitungssystem? Erzählen Sie doch davon!«

Darüber wollen wir jetzt berichten. Und wir beginnen nicht mit dem Unterricht in Rechnen und Lesen, nicht damit, wie wir Aufmerksamkeit und Neugier erarbeiten – davon wird später die Rede sein –, sondern . . . mit der Gesundheit der Kinder, mit ihrer physischen Entwicklung. Warum? Einfach darum, weil die Schule – vor allem die *Schulbank* ist, weil die Schule einige Stunden *Sitzen* täglich bedeutet – und sie bedeutet außerdem *Sitzen* bei den Hausaufgaben und beim Lesen von Dutzenden und Hunderten Büchern . . . – sie bedeutet, kurz gesagt, eine starke Einschränkung der Bewegungsmöglichkeit des Kindes in eben einer Zeit, in der es intensive, vielseitige und freudige Bewegung ganz besonders nötig hat.

Irgendwann wird dieser Widerspruch natürlich überwunden, aber zunächst ist er leider in all seiner Schärfe vorhanden, und darunter leiden vor allem körperlich schwache, wenig bewegliche und träge Kinder. Ihnen fällt das Lernen schwerer, sie werden häufiger krank, sie arbeiten mehr, sitzen also länger und werden folglich immer schwächer. Ein Teufelskreis entsteht, aus dem herauszukommen sehr schwer ist. Aber ein kräftiges Kind, das sich natürlich bewegen *möchte,* nimmt sich wenigstens zum Teil das Seine – in den Pausen, außerhalb der Unterrichtsstunden, in der natürlichen Kraft der Bewegungsspiele, und – wenn es Glück hat, und leider haben nur einige von Hunderten dieses Glück – in organisierten Sportvereinen und -gruppen.

Man muß also schon Sorge dafür tragen, daß das Kind kräftig und stark wird, bevor es in die Schule kommt. Aber wie? Sicherlich gibt es verschiedene Methoden und Wege, um das zu erreichen. Wir wollen über unseren Weg berichten.

Wir haben uns entschlossen, unserem Bericht die Form von Antworten auf Fragen zu geben, die uns am häufigsten in Briefen, bei Begegnungen, auf Treffen, während der Besuche in unserem Haus gestellt werden. Und genau wie in den Diskussionen sprechen wir natürlich nicht im »Chor«, sondern der Reihe nach, und so wird auch jetzt jeder von uns auf diejenige Frage antworten, in der er großer »Spezialist« ist. Falls es nötig wird, werden wir uns auch gegenseitig kommentieren und ergänzen und manchmal sogar streiten – so wie es auch im Leben bei uns ist.

Warum barfuß und nur in Höschen?

Boris Pawlowitsch: Diese Frage hören wir nicht nur von vielen, sondern wir lesen sie förmlich in den Augen jedes einzelnen, der unsere Kinder zu Hause beobachtet. Einige können sich nicht zurückhalten, nehmen Ljubotschka auf den Arm und befühlen ihre kalten kleinen Fersen.

»Ist dir nicht kalt?«

»Nein, kein bißchen!« antwortet Ljuba fröhlich, gleitet vom Arm auf den Boden und läuft flink zum Schaukeln auf der Boxerbirne, die mit einem Seil an der Decke befestigt ist. So ist es wirklich. Bei unseren Kindern arbeiten alle »Wärmeregulatoren« erstaunlich gut. Nachts herrschen im Schlafsack + 33–34°, und ihre kleinen Körper und Füßchen sind warm. Wenn sie aber morgens aus dem Schlafsack steigen, sind um sie herum nur + 18–22° und am Boden bloß 15°, im Winter bei starkem Frost sogar nur + 8–10°. Wenn die Haut warm bliebe, würde sie viel Wärme abgeben. So aber nimmt sie eine Temperatur an, die nahe der Lufttemperatur liegt, während die Fußsohlentemperatur sich der Bodentemperatur angleicht, und dann friert der Mensch nicht.

Eine solche Wärmeregulierung haben alle Säugetiere, und die Temperatur auf den Pfotenballen von Hunden, Wölfen und Hasen ist der Bodentemperatur gleich, im Winter bei Frost beträgt sie 0°. Bei null Grad kann das Blut nicht gefrieren (es ist salzhaltig), Schnee und Eis tauen bei dieser Temperatur nicht, und die Haut gibt ein Minimum an Wärme ab.

»Nun, bei Tieren versteht man ja, warum das so ist. Aber wozu muß das beim Menschen auch so sein? Er hat doch schließlich Kleidung und Schuhe?« werden Sie fragen. Ja, natürlich, aber Kleidung und Schuhe wurden erfunden, um eine *Unter*kühlung in der Kälte und eine *Über*hitzung in der Wärme zu verhindern.

Das hat irgendwann einmal die Möglichkeiten des Menschen bei der Überwindung von widrigen Umwelteinwirkungen beträchtlich erweitert. Aber jetzt hat die Kleidung häufig die gleiche Funktion wie ein Thermostat – sie soll eine gleichmäßige Temperatur um den Körper herum aufrechterhalten. Und eine moderne Wohnung ist auch so ein Thermostat. Aber wozu führt das? Zum Verlust der Anpassungsreaktionen und zu einer verminderten Widerstandsfähigkeit gegen Veränderungen der Umwelt: des Klimas, des Wetters und der Lebensumstände. Und das kommt dabei heraus: Die Füße sind naß geworden – schon niest das Kind, es wehte ein leichter Wind – schon hustet es. Ein solcher Mensch kann nur auf dem Ofen leben – so eng begrenzt sind seine Anpassungsmöglichkeiten.

Wir aber haben uns bemüht, diese Möglichkeiten für unsere Kinder zu erweitern, damit weder wir noch sie Angst vor Zugwind, nassen Füßen, Sonnenstichen, Sommerregen und vielem anderen bekamen. Und wir taten das nicht mit Hilfe besonderer Prozeduren, nicht langsam und allmählich, sondern wir erlaubten ihnen einfach, zu Hause und auf der Straße in Höschen und barfuß herumzulaufen und wenn sie es wollten, sogar aus dem heißen Bad und aus dem warmen Zimmer in den Schnee hinauszuspringen. Wissen Sie eigentlich, wie gut es ist, morgens anstelle einer Turnübung auf dem kleinen Weg und abends durch den Schnee um das Haus herumzulaufen, damit man sich vor dem Zubettgehen nicht die Füße zu waschen braucht . . .

Sogar wir selbst, die Erwachsenen, faßten im Gefolge der Kinder Mut und begannen, barfuß auf dem Fußboden, auf der Erde und im Schnee zu laufen. Als wie angenehm hat sich das doch erwiesen . . .

Und was ist dabei herausgekommen?

Zunächst einmal blieben wir von Erkältungskrankheiten verschont (diese machen 90 Prozent aller Kinderkrankheiten aus!) und gleichzeitig von der ewigen Angst vor ihnen, die den Eltern wie auch den Kindern das Dasein so schwer macht. Einmal erinnerte sich eines der älteren Kinder: »Als ich noch zur Schule ging, war es manchmal richtig beschämend: Alle hatten sich erkältet, bloß ich nicht. Was war das für ein Leben – ich hatte nie einen richtigen Grund zu fehlen.« Alle sollten so empfinden.

Zweitens engt leichte Kleidung, und erst recht ihr völliges Fehlen, die Bewegungsfreiheit nicht ein, die Kühle stimuliert vielmehr und regt zur Bewegung an – man hat richtig Lust sich zu bewegen, es ist sogar angenehm.

Drittens verhindert das Barfußlaufen Plattfüßigkeit, es macht die Haut der Fußsohlen fester und strapazierfähiger und das Gehen und Laufen leichter und freier, d. h. es wirkt sich günstig auf die Haltung des Kindes und die Koordination seiner Bewegungen aus. Nackte Füßchen sind auch auf den Turngeräten eine Hilfe und kein Hindernis (Versuchen Sie doch einmal, in Stiefeln eine Stange zu erklimmen!).

Und es gibt noch einen Vorteil: weniger Umstände mit der Kleidung – mit dem Anziehen, Ausziehen, Waschen usw. Welch eine Kraft- und Zeitersparnis für die Mutter, besonders wenn sie mehrere Kinder hat. Auch muß man noch in Betracht ziehen, daß wir, wenn wir aus dem Haus gehen, immer um eine Jahreszeit leichter als üblich gekleidet sind, d. h. im Herbst – wie im Sommer, im Winter – wie im Herbst (solange die Temperatur nicht unter − 10° sinkt).

Das also bedeutet die Erlaubnis, barfuß und nur in Höschen herumzulaufen.

Lena Alexejewna: Hier muß ich daran erinnern, daß wir unseren Kindern all das von den ersten Schritten an und sogar noch früher erlaubten. Das ist sehr wichtig! Man versuche einmal, ähnliches einem kleinen Menschen zu erlauben, der schon eine Otitis, Angina, Lungenentzündung durchgemacht hat und dauernd erkältet ist. Was würde dabei herauskommen? *»Aber wie soll man ein kränkliches Kind abhärten, das zu Erkältungen neigt?«* Das fragt man uns sehr oft, aber wir tun uns mit der Antwort schwer, wir sagen, daß wir es nicht mit verzärtelten Kindern zu tun hatten und daß wir deshalb keine Methodik vorschlagen können, um solche Kinder abzuhärten. Wir zeigen, wie man ein Kind *nicht* in diese Lage bringt, aber wie es aus dieser Lage befreit werden kann – wissen wir nicht. Dann hören wir manchmal als Antwort:

»Sie hatten Glück, Sie haben gesunde Kinder, aber wenn sie kränklich und schwächlich wären, dann würden Sie auch um sie zittern und sie genauso einmummen, wie die anderen das auch tun.«

Was soll man dazu sagen? Ich meine: Man hat Glück, wenn man sich dieses Glück verschafft. Wir haben schon berichtet, daß sechs unserer Kinder eine exsudative Diathese hatten. Und das bedeutet, daß sie alle zu Erkrankungen neigten, *besonders zu Erkältungskrankheiten.* Ich zitiere aus einer populären medizinischen Enzyklopädie: »Die exsudative Diathese zeigt sich in der Neigung des Kindes . . . zu häufigen Entzündungen der Atemwege, zu Magen- und Darmerkrankungen, zu nervöser Erregbarkeit u. a.« Mit diesem »Sie hatten Glück, Sie haben gesunde . . .« kommt man also nicht weit. Ich mag mir auch gar nicht vorstellen, was aus ihnen geworden wäre, wenn wir unsere »prophylaktischen« Maßnahmen nicht vom Säuglingsalter an angewendet hätten.

Man sagt uns auch folgendes:

»Sie sind nur deshalb so kühn, weil Ihnen nie etwas passiert ist. Wäre Ihnen etwas Ernstes zugestoßen, dann hätten Sie Ihre ›Schneeprozeduren‹ sehr schnell aufgegeben.«

Es ist uns etwas zugestoßen – und wir haben sie nicht aufgegeben. Und das war so. Wir bekamen eine Lungenentzündung in der Familie – bei allen sieben Kindern in 17 Jahren das erste Mal. Das war bei der zweijährigen Ljubotschka – eine Komplikation nach einer Grippe. Ich hatte nicht aufgepaßt und sie mit Fieber ganz leicht bekleidet, wie immer, herumspazieren lassen, aber wir hatten naßkaltes Herbstwetter. . . . Bis heute erinnere ich mich voller Entsetzen daran, wie sie bewußtlos im Aufnahmeraum des Krankenhauses in meinen Armen lag. Wie lange haben wir vergeblich den diensthabenden Arzt zu überreden versucht, mich mit ihr zusammen aufzunehmen, wie wenig war ich imstande, von den Türen des Krankenhauses wegzugehen, und wie sehr versagten mir die Beine den Dienst, als ich mich in aller Frühe aufmachte, um zu erfahren: Wie steht es um sie? Der Zustand des Töchterchens war ernst, und einige Tage lebten wir nur von einem Besuch im Krankenhaus zum anderen . . . Aber was soll ich viel erzählen – wer einmal ein schwerkrankes Kind hatte, hat das gleiche erlebt.

Aber wir wurden das erste Mal damit konfrontiert. Da habe ich auch erst richtig verstanden, wie das ist, wenn die Kinder krank sind. Schließlich wurde unser Töchterchen aus dem Krankenhaus entlassen. Und dann hatten wir die ersten Tage natürlich Angst, in ihrer Nähe auch nur zu atmen.

»Aber jetzt lassen Sie sie doch nicht mehr barfuß in den Schnee«, wurde ich gefragt.

»Doch, ich lasse sie, natürlich«, antwortete ich, »weil ich nicht möchte, daß sich das wiederholt.«

Was ist dabei herausgekommen? Ich lese die Notizen im Tagebuch:

31. 10. 1973: Ljuba ist aus dem Krankenhaus entlassen worden.

2. 11. 1973: Temperatur auf 38,5° angestiegen

9. 11. 1973: Zum ersten Mal nach der Krankheit ist sie

zwanzig Minuten barfuß auf dem Fußboden herumgelaufen und weigerte sich, ein Hemdchen anzuziehen.

17. 11. 1973: Sie ist wieder krank geworden. Temperatur: 38,5°, leichter Ausschlag: Röteln.

3. 2. 1974: Ljuba läuft wieder barfuß durch den Schnee!

Seit der Entlassung aus dem Krankenhaus waren drei Monate vergangen, ganze drei Monate! Um sich aber schon am neunten Tag nach der Heimkehr aus dem Krankenhaus »weigern« zu können, ein Hemdchen anzuziehen, mußte Ljubascha schon sehr viel früher große *Freude* und *Vergnügen* am Herumlaufen bloß in Höschen empfunden haben. Hier hat uns also unsere »*Nackt*prophylaxe« geholfen – die frühe Abhärtung ohne abhärtende Prozeduren.

Boris Pawlowitsch: Wenn ich jetzt noch daran erinnern darf, daß nicht nur in der Vergangenheit, sondern auch heute noch viele Völker ihre Kinder bis zum vierten oder fünften Lebensjahr überhaupt nicht anziehen und daß diese alle möglichen Krankheiten außer Erkältungskrankheiten bekommen, dann werden Sie verstehen, warum wir so standhaft Einwände unserer Umgebung aushalten, daß Nacktheit »unästhetisch und unanständig« sei. Und wir hegen den geheimen Traum, daß irgendwann einmal das wie eine Sprungfeder schlanke, starke und kräftige Kind, dessen bloßer Anblick ein Lächeln des Entzückens hervorruft, zum Ideal wird. Dann wird es unästhetisch sein, diese Schönheit unter Kleidung zu verbergen.

Ohne Medikamente

Boris Pawlowitsch: Ich erinnere daran, daß uns, indem wir von Erkältungskrankheiten verschont blieben, ungefähr 90 Prozent aller Kinderkrankheiten erspart blieben. Übrig blieben gerade 10 Prozent, im wesentlichen Grippe und Infektionskrankheiten. Diese überstehen unsere Kinder gewöhnlich leicht – ohne Medikamente und Heilprozeduren, manchmal auch ohne erhöhte Temperatur. Fieber hält sich immer nur ein oder zwei Tage, und wir versuchen nicht, es künstlich herunterzubekommen – weder mit Aspirin noch mit anderen Medikamenten, weil wir meinen, daß der Organismus selbst mit der Krankheit kämpfen muß und dadurch seine Abwehrkräfte stärker werden. Das sieht dann so aus: Die Krankheit verläuft stürmisch und intensiv, aber die Gesundung kommt auch schnell und in der Regel ohne jegliche unangenehme Folgen und Komplikationen. Wir haben das schon bei unseren ersten Kindern beobachtet und haben dann von uns aus nicht nur völlig darauf verzichtet, die Kinder mit Medikamenten vollzustopfen, sondern bitten auch die Ärzte, keine zu verschreiben, besonders keine Antibiotika – wir würden sie sowieso nicht verabreichen.

Lena Alexejewna: Einmal suchte Anton »Analgin« (der Großvater hatte darum gebeten), machte bei der Gelegenheit »Inventur« in der Hausapotheke, warf ihren ganzen mageren Inhalt auf den Tisch, begann in den bunten Packungen und Schachteln zu wühlen und . . . lachte plötzlich los:
– Mutter, schau bloß mal her – alle unsere Medikamente sind schon zehn Jahre alt! –

Ich konnte es fast nicht glauben. Aber er zeigte mir ein Medikament nach dem anderen: Die Haltbarkeit endete 1966, 1967, 1968. Aber wir hatten schon 1977! Ich erinnerte mich: Damals lebte anderthalb Jahre die Babuschka Walja, die häufig unpäßlich war, bei uns, und von ihr hatten wir diesen ganzen Medikamenten»vorrat« geerbt.

Heißt das aber, daß wir überhaupt nichts tun? Nein, wir behandeln durchaus: das Kind bleibt im Bett, es bekommt Himbeerkompott, Tee mit Zitrone, einen feuchten Umschlag auf die Stirn, heiße Milch mit Honig, und wenn es etwas essen möchte, dann bekommt es sein Leibgericht. Wenn es aber keinen Appetit hat, dann zwingen wir es nicht, etwas zu essen. Außerdem ... gibt es noch ... Märchen oder lustige Geschichten, die wir dem Kranken der Reihe nach vorlesen oder erzählen.

Manchmal scherzen die Kinder: »Ein bißchen krank müßte man sein, alle kümmern sich um einen, Bücher werden vorgelesen, es gibt Kompott – das ist richtig schön!«

Aber natürlich wird es manchmal auch ernst, und dann ist einem nicht nach Märchen und nicht nach Scherzen zumute. Ich habe schon erzählt, daß Ljubascha an Lungenentzündung erkrankte. Julija überstand als Neunjährige eine Blinddarmoperation. Aljoscha lag als Zweijähriger mit dem Verdacht auf Ruhr im Krankenhaus. Besonders bitter war für uns, daß Ljuba als Schülerin noch ein zweites Mal ins Krankenhaus kam, wieder mit einer Lungenentzündung. Und wieder lag die Schuld bei mir, genauer gesagt, bei meiner ständigen Überbeschäftigung (eine Mutter darf aber nicht zu beschäftigt sein!): Ich hatte sie nicht im Bett behalten, die Grippe nicht richtig auskuriert, und zum zweiten Mal an Lungenentzündung zu erkranken, erwies sich als sehr einfach.

Ziehen wir eine Bilanz. Von unseren sieben Kindern waren nur drei im Laufe von achtzehn Jahren im Krankenhaus, und das im ganzen viermal. Nur sieben- bis achtmal im Jahr holen wir, wenn eines der sieben Kinder krank ist, einen Arzt oder wenden uns an die Poliklinik, obwohl unsere Familie nach den herrschenden statistischen »Normen« allein wegen der Kinder bis zu hundertmal im Jahr Ärzte konsultieren müßte. Aber wir hatten sogar Jahre, in denen überhaupt keine Notwendigkeit bestand, einen Arzt in Anspruch zu nehmen.

Einmal habe ich mich deshalb sogar richtig blamiert. Ich wollte eines der jüngeren Kinder beim Zahnarzt anmelden. Ich komme also in die Poliklinik und gehe zur Anmeldung ...
– Wir sind hier nicht für Kinder zuständig, Sie müssen zum Kinderarzt, sagte man mir aufgebracht durch das Fensterchen.

– Und wo hat der Sprechstunde?

– Wieso, wo, wissen Sie denn nicht, wo bei uns die Kindersprechstunde ist? wunderte sich die Frau in der Anmeldung. Sie sind wohl vom Land, was?

Ich fühlte mich peinlich berührt, und gleichzeitig war mir zum Lachen. Das Krankenhaus war immerhin schon zwei Jahre in einem neuen Gebäude untergebracht, und ich kam zum ersten Mal hin. Ich muß nun noch hinzufügen, daß ich wegen der Kinder im Laufe von siebzehn, achtzehn Jahren nur sechs- oder siebenmal gefehlt habe, obwohl ich nach der Geburt eines Kindes nicht ein einziges Mal den Jahresurlaub genommen habe, also sofort nach Ablauf der Mutterschutzfrist, als das Kind gerade drei Monate alt war, wieder zur Arbeit ging. Ich hatte keine Angst: Die Kinder wuchsen gesund auf, und Vater und ich konnten in Ruhe arbeiten und mit all unseren zahlreichen Verpflichtungen gut zurechtkommen.

Und was ist, wenn das Kind sich häufig erkältet?

Lena Alexejewna: Es ist gut möglich, daß Sie, wenn Sie diese Frage im Inhaltsverzeichnis gesehen haben, unser Buch gleich auf dieser Seite aufschlagen – denn dieses Problem ist eines der brennendsten für viele Eltern: wie kann ein Kind abgehärtet werden, das dazu neigt, sich zu erkälten, und sich schon daran gewöhnt hat, ständig eingemummt zu werden?

Früher haben wir als Antwort auf eine solche Frage nur die Hände gerungen: »Darin haben wir keine Erfahrung, wir hatten es doch nicht mit verzärtelten Kindern zu tun, und deshalb können wir kein Verfahren zu ihrer Abhärtung vorschlagen. Wir zeigen, wie man das Kind nicht in eine solche Lage bringt, aber wie man es daraus wieder herausbekommt, das wissen wir nicht.« So redeten wir und sahen so enttäuschte Gesichter, so betrübte Augen, daß wir . . . diese Blicke schließlich nicht mehr aushielten und versuchten, die Leute doch irgendwie aufzumuntern – »macht nichts, nun verzweifeln Sie doch nicht gleich!« –, und sogar versuchten, einige nicht sehr überzeugende Ratschläge zu geben.

Mit der Zeit fühlten wir jedoch, daß wir diese Frage nicht umgehen konnten, daß wir alles zusammenfassen mußten, was wir wußten, was wir beobachtet und was wir selbst ausprobiert hatten, und daß wir davon erzählen mußten. Das ist aber keine Instruktion, keine Methodik (wir sind nicht Spezialisten genug, um sie geben zu können), das ist einfach Erfahrung. Wir würden uns freuen, wenn sie Ihnen wenigstens etwas hilft.

Das Wichtigste ist, die eigene Furcht zu überwinden und ein gewisses Quäntchen Vertrauen darin zu gewinnen, daß Ihre Anstrengungen unbedingt zum Erfolg führen. Einigen hilft in solchen Fällen eine psychologische Vorbereitung: Zunächst widmet man eine bestimmte Zeit der Lektüre, dem Nachdenken, dem Gespräch mit den Verwandten (damit es nicht zu Zwistigkeiten und Meinungsverschiedenheiten kommt!) darüber, wie man die allgemeine Lebensweise ändern kann. Das läßt sich nicht vermeiden, weil man allein mit Abhärtungsprozeduren und ohne die Lebensbedingungen des Kindes zu ändern, kaum nennenswerte Fortschritte erzielen kann.

Wenn Sie zum Beispiel mit Wasserabreibungen und Duschen beginnen, dabei ihren Sohn aber zum Spaziergang wie eh und je einpacken, als wollten Sie ihn zum Nordpol schikken, und zu Hause wieder Angst haben, das Oberfenster einmal zuviel zu öffnen, und dem Kind die Strumpfhosen und die warmen Hemden nicht auszuziehen, so wird die ganze »Abhärtung« keinen Sinn haben.

Die Erfahrung zeigt, daß die Abhärtung nicht Zugabe und nicht Zusatz sein darf, sondern *ein Wandel der ganzen Lebensweise,* eine Annäherung dieser Lebensweise an einen mehr spartanischen, einen nicht verzärtelnden, sondern einen gleichsam durch sich selbst abhärtenden Lebensstil – darin sollte nach unserer Ansicht Ihr Ziel bestehen.

Womit sollte man hier anfangen? Man muß zum Beispiel Äußerungen folgender Art vermeiden: »Bleib von der Tür weg, du wirst dich erkälten«, »Trink kein kaltes Wasser, dein Hals wird weh tun«, »Jetzt gibt's kein Eis, sonst wirst du husten«, das heißt, ganz allgemein darauf verzichten, in Gegenwart des Kindes an Krankheiten zu erinnern – es nicht damit erschrecken und nicht voraussetzen, daß es sie unbedingt bekommen wird. Ferner wäre gut, einfach zu lernen, statt »Zieh dich wärmer an! Binde einen Schal um! Zieh noch ein paar warme Socken über . . .« zu sagen (und zwar so, als wolle man sich mit dem Kind beraten und ihm das Recht geben, selbst zu entscheiden): »Na, was ziehen wir heute an? Draußen friert es, aber nicht stark, das ist so ein netter kleiner Frost. Sollen wir noch ein Paar Socken anziehen, oder sollen wir lieber nicht?« Wenn das Kind weniger Kleider anziehen möchte, dann loben Sie es – das ist schon ein Sieg.

Am einfachsten ist, mit der Befreiung von der Kleidung in der Wohnung zu beginnen. Dabei sollte aber nicht das Kind anfangen, sondern . . . die Erwachsenen sollten beginnen. Aus eigener Erfahrung wissen wir, daß Druck auf das Kind zu nichts Gutem führen kann, wenn es selbst nicht nach dem strebt, was seine Eltern erreichen möchten. Die ganze Aufgabe besteht unserer Meinung daher darin, im *Kind selbst den Wunsch zu wecken,* sich leichter anzuziehen, eines der beiden Hemden auszuziehen, Kniestrümpfe statt Strumpfhosen anzuziehen und dann auch barfuß über den Fußboden zu laufen. Vielleicht geht Vater als erster mit gutem Beispiel voran (und Mutter *lobt* ihn dafür), oder die Mutter fängt an (und dann *freut* Vater sich über sie). Die Hauptsache ist, alle verstehen, daß das *gut* ist. Das Kind selbst darf man aber auf keinen Fall mit Vorwürfen bedrängen, etwa so: »Was ist denn mit dir los, guck mal den Papi an, wie toll der das macht, aber du . . .«

Dagegen sollte man seinen ersten Versuch: »Aber ich will auch . . .!« mit Zustimmung aufnehmen: »Das finde ich toll, du bist genau wie Papi!«

Genauso kann man mit den Wasserprozeduren verfahren: Beim Baden duscht man nicht zuerst das Kind mit kaltem Wasser, sondern ein Erwachsener fängt damit an: »Ach, das ist gut, richtig angenehm ist das Wasser!« Und das Kind kann man fragen: »Willst du auch?« Will es nicht, sollte man die Sache ein- oder zweimal verschieben, aber wenn es will, duscht man es tatsächlich mit diesem angenehm kalten (aber nicht zu kalten!) Wasser ab, natürlich nicht, ohne es dabei zu loben.

Wenn man das Kind dann trockenreibt, kann man gut etwas Lustiges dazu erzählen, zum Beispiel:

Warum ist unser Spatz so naß
wie frisch aus dem Regenfaß?
Gebt schnell ein Handtuch her,
schon ist er so naß nicht mehr.

Beim nächsten Mal könnte dann das Kind selbst bestimmen, wie das Wasser sein soll: wärmer oder kälter – ganz wie bei Vater? Diese kleine List wirkt in der Regel ohne Widerrede: Das Kind möchte nämlich gerne so sein »wie Papa« oder »wie Mama«. Das heißt also, und da ist nichts zu machen, daß wir selbst uns bessern und uns auch frischer und fröhlicher fühlen müssen. Die Freude und das Lachen des Kindes, sein »mehr, mehr!« – das ist der Schlüssel zum Erfolg und eine Garantie dafür, daß alles in Ordnung ist.

Nun, wenn es aber plötzlich doch wieder Schnupfen bekommt? Dann reagieren Sie nicht mit Niedergeschlagenheit und mit Panik, sondern, wenn Sie können, lieber mit einem Scherz: »Das kommt nur, weil die allerletzten kleinen Erkältungen jetzt aus dir herausgeschüttelt werden – sollen sie, das ist gar nicht schlimm.«

Es ist sehr wichtig, dem Kind und sich selbst Vertrauen darin einzuflößen, daß es sehr gesund und kräftig ist und daß keine Krankheit ihm etwas anhaben kann.

Boris Pawlowitsch: Und hier ist noch eine wichtige Beobachtung: Der Übergang zu einer neuen Lebensweise darf nicht zu abrupt und »willkürlich« geschehen: einfach unerläßlich ist eine allmähliche Gewöhnung, die im wesentlichen von der Stimmung und den Erfolgen des Kindes selbst abhängt. Andererseits darf man diesen *Übergang auch nicht in die Länge ziehen.* Allem Anschein nach sind anderthalb Monate, aber nicht mehr als zwei Monate der dafür am besten geeignete Zeitraum. In dieser Zeit kann sich der Organismus im wesentlichen an die neuen Bedingungen anpassen. Das ist eine Sache. Und die andere ist folgende: Das Kind kann sich nicht lange auf etwas Bestimmtes konzentrieren, und deshalb muß man hier auf seine Psyche einwirken, es auf eine andere Einstellung zum Leben einstimmen. Das muß energisch und ohne Verzug gemacht werden. Am besten nutzt man hierfür die Sommerferien auf dem Land, wenn man drei abhärtende Faktoren auf einmal zum Einsatz bringen kann: die Sonne, die Luft und das Wasser. Und noch etwas äußerst Wichtiges darf nicht vergessen werden: Bewegung, Bewegung, *Bewegung:* Nicht liegen, sondern gehen, nicht gehen, sondern laufen, nicht überschreiten, sondern überspringen, nicht in der Hängematte sitzen, sondern . . . auf einen weitverzweigten Baum klettern. Über all das werden wir im folgenden Kapitel berichten. Aber vorher müssen wir noch bei einer Frage verweilen, mit der man gewöhnlich beginnt, wenn man über das Thema Gesundheit spricht, während wir sie dagegen bis ganz zum Schluß aufgeschoben haben.

Das »Problem« Ernährung

Lena Alexejewna: Die Tatsache, daß wir das Wort »Problem« in Anführungszeichen gesetzt haben, bedeutet selbstverständlich nicht, daß wir diese wichtige Frage geringschätzen.

Die Sorge um die Ernährung wird für die Menschheit immer von erstrangiger Bedeutung und auch für jede Familie zweifellos wichtig sein. Wir haben etwas anderes im Sinn: In ein Problem wird häufig etwas verwandelt, was nach unserer Meinung überhaupt kein Problem ist. Immer wieder beklagen sich Mütter: »Das Kind ißt überhaupt nichts, ich bin es richtig leid. Nur unter Tränen und mit viel Zureden zwinge ich ihm gerade einen halben Teller voll in den Mund, und Schluß ist. Was soll ich nur tun?«

Genau hier liegt das »Problem«: Wie stopft man das Kind am besten mit seiner *Norm* nützlicher, vitamin- und natürlich kalorienreicher, besonders nahrhafter Stoffe voll? Und da haben wir's: individuelle Mahlzeiten, tägliche Abwechslung, eine Bedienung fast wie im Restaurant, ein von der übrigen Familie getrennter feierlicher Tisch mit Ermahnungen, Vorführungen und Drohungen: »Ehe du nicht alles aufgegessen hast, gehst du nicht vom Tisch!« Letzteres wird zwar nicht empfohlen, verschwindet aber gleichwohl nicht aus der Alltagspraxis dieser »heiligen Handlung«. So ist es in den Kindergärten, in den Schulen, von den Familien schon gar nicht zu reden. Sogar Gedichte und Geschichten werden mit dieser »Moral von der Geschichte« erzählt: Mascha ist ein gutes Mädchen, gesund und fröhlich, weil sie immer alles aufißt, aber Wasja ist ein schlechter Junge, schlapp und schwach, weil er seinen Grießbrei nicht mag.

Wir halten so etwas nicht nur für völlig widernatürlich, sondern sogar für unsittlich, weil alle diese Anstrengungen letzten Endes zwar keinen Widerwillen, aber doch Geringschätzung des Essens hervorrufen, obwohl letzteres das Ergebnis einer ungeheuren Arbeitsanstrengung vieler Menschen ist.

Einmal machten drei unserer Kinder im Sommer Ferien in einem Pionierlager. Als sie wieder zu Hause waren, erzählten sie mir voller Entrüstung, wieviel gutes Essen dort auf den Tellern liegenblieb: dreimal am Tag wurden die Reste in großen Töpfen eingesammelt und damit die Schweine gefüttert, oder sie wurden sogar weggeworfen. Und genau hier liegt das Problem ganz ohne Anführungszeichen: Wie ist diese empörende Verschwendung, im Grunde genommen ein echtes sittliches Verbrechen, zu einer so normalen, gewöhnlichen und unauffälligen Erscheinung geworden? Doch beginnt all das mit dem »unschuldigen«: »Ein Löffel für Mama, ein Löffel für Papa«, »Und jetzt noch ein bißchen!«

Selbst wenn man von der rein physiologischen Seite her an das Essen herangeht, kommt außer Schaden (Überfütterung, Verfettung) nichts bei dieser gewaltsamen Ernährung nach einer ein für allemal festgelegten Norm heraus. Denn der Wunsch zu essen hängt von vielen Ursachen ab, von denen eine unserer Ansicht nach elementar ist: Der Mensch muß *Hunger haben*. Und das ist alles. Und dann gibt es auch keine Schwierigkeiten. Bei uns in der Familie ist dieses Problem auch deshalb nicht aufgetaucht, weil wir nach dem Prinzip verfahren sind: »Willst du essen, dann iß; willst du nicht, dann nicht, aber dann gibt es bis zur nächsten Mahlzeit auch keinen Happen zwischendurch.«

Ausnahmen gibt es natürlich, besonders für die Kleinen, aber die Kinder zu überreden und dann auch noch zu seufzen, würde bei uns niemandem auch nur in den Kopf kommen. Im Ergebnis haben alle Kinder einen ausgezeichneten Appetit, der übrigens weder einer besonderen psychologischen Vorbereitung noch einer ausgesuchten Bedienung noch besonderer Gänge bedarf.

Auf den letzten Punkt muß ich noch näher eingehen. Wie oft mußte ich lesen und hören, daß Kinder unbedingt besondere Mahlzeiten brauchen, die ihrem Alter entsprechen. Und jedesmal ruft das bei mir Unverständnis und ein trauriges Lächeln hervor: für wen sind diese Empfehlungen gedacht? Man könnte meinen, daß es in jeder Familie einen Koch gibt oder eine Köchin oder wenigstens eine von allen anderen Aufgaben

freigesetzte Babuschka. Selbst wenn in einer Familie nur zwei Kinder sind, ein einjähriges und ein fünfjähriges, muß man *jedesmal* drei Varianten der verschiedenen Gänge zubereiten: für den Kleinen eine Extrawurst, für den Größeren entsprechend auch, und für die Erwachsenen ebenfalls etwas Eigenes. Einige Frauen versuchen auch, das so zu machen, und . . .
– Ach, diese verschiedenen Gedecke immer – meine ganze freie Zeit stehe ich am Herd! klagte mir einmal eine Bekannte. – Zu nichts sonst reicht meine Zeit mehr!

Als ich schluckend antwortete, schließlich ginge es ja auch ein bißchen einfacher, wunderte sie sich:
– Schtschi und Kascha?[1] Ha-ha! Das ißt man doch nicht mehr. Meine Männer (sie hat einen Mann und einen fünfjährigen Sohn) wollen Kascha nicht einmal sehen. Gebratenes Fleisch muß auf den Tisch, und mein Sohn will Frikadellen oder ein Hähnchen . . .
– Und du machst das dann auch? – fragte ich nicht ohne Ironie.
– Aber warum nicht! Schließlich habe ich nicht sieben auf der Bank, und in jedem Fall reicht es bei uns für eine normale Ernährung – konnte auch sie sich eine Stichelei nicht verkneifen.

Wir haben einander nicht verstanden. Ihr taten meine Kinder leid, die nicht «normal ernährt werden können», und ich war aus einem anderen Grund traurig: Diese Mutter verwendet ihre ganze Zeit und Kraft auf die Zubereitung des Essens, und für die Erziehung bleibt dann schon nichts mehr übrig.

Ich habe einen anderen Weg vorgezogen: Wenn es nur möglich war, habe ich mir Zeit für die Erziehung genommen, für den Umgang mit den Kindern. Auf Kosten der Ernährung? Nein. Ich habe einfach versucht, eine vernünftige Lösung dieser nicht einfachen Alltagsaufgabe zu finden. Also, gegeben ist: sehr wenig Zeit, nicht sehr viel Geld und sieben, acht und mehr Münder, kleine und große. Verlangt wird: alle rechtzeitig mit einem Essen von guter Qualität satt zu machen.

Es folgt: Die Lösung der Aufgabe.

Berücksichtigen wir, daß die Essensqualität bei weitem nicht direkt proportional den hohen Lebensmittelpreisen ist und umgekehrt proportional ihrer Garzeit. Nehmen wir die verschiedensten Gemüsesorten, Grütze und . . . kaufen eine Bratpfanne.

Berücksichtigen wir weiter, daß in der Familie kleine Kinder sind, für die scharfgewürzte Gerichte, Geräuchertes, fettes Fleisch, grätiger Fisch und zuviel Süßigkeiten nicht geeignet sind. Entfernen wir all das aus dem allgemeinen Speiseplan.

Berücksichtigen wir außerdem noch, daß es eine große Anzahl an Lebensmitteln gibt (besonders Milchprodukte!), die schon fertig zum Verbrauch sind: Brot, Milch, Quark, Kefir, Käse, Sahne und Butter, Honig. Diese Nahrungsmittel geben wir – nach Möglichkeit und nach Wunsch – jeden Tag. Zum Schluß zum Obst. Nach Herzenslust wäre es zu teuer, also bekommen alle etwas zugeteilt (unbedingt alle, nicht nur die Kinder!). Außerdem gibt es ja auch noch Trockenfrüchte. Sie wenden jetzt ein, daß das nicht reicht? In bezug auf das Obst mögen Sie recht haben, ja. Aber in bezug auf die Vitamine? Apfelsinen aus Übersee kann man schließlich durch süßen einheimischen (und billigen) Mohrrübensaft ersetzen, und statt der Mangelware Mandarinen kann man immer einen großartigen Salat aus frischem Kohl mit Schnittlauch und grünen Erbsen anbieten.

Insgesamt haben wir: Gemüse- und Grützsuppen, Borschtsch, alle möglichen Breie (Griesbrei ist eines der Leibgerichte), Kartoffeln in jeder Form: als Pellkartoffeln und als Salzkartoffeln; besonders beliebt aber sind Bratkartoffeln und Kartoffelbrei; Makkaroni mit Käse, Quark, Sahne, Rosinen und gedünsteten Zwiebeln, Kohl, Salate, Fisch und Fischkonserven (die kleinen weichen Gräten sind für die Kariesprophylaxe sehr wichtig).

Nun, und außerdem gibt es natürlich Brot, Milch und Milchprodukte. An Feiertagen haben wir immer: Fruchtsäfte, Fleischtaschen und Piroggen mit den verschiedensten Füllungen, Gebäck aus eigener Herstellung, Torten und Konfekt.

Die Aufgabe ist meiner Ansicht nach im wesentlichen gelöst: Mit einem minimalen Aufwand an Zeit, Kraft und Mitteln bekomme ich doch immer alle satt; das Essen ist zwar ohne Extravaganzen, aber frisch und abwechslungsreich. Und trotzdem ist da noch ein Haken: wie verfährt man mit den verschiedenen Altersstufen?

Dazu verrate ich zwei Geheimnisse, die mir geholfen haben, auch dieses Problem zu lösen. Eines davon habe ich schon erwähnt: wir haben die allgemeine häusliche Kost dem Kinderessen angepaßt, das heißt zeitweilig all das ausgeschlossen, was die Kinder nicht vertrugen (und was, wie sich zeigt, auch den Erwachsenen nicht bekam), weshalb dieser Wechsel auch niemandem schadete.

Das zweite Geheimnis bestand in folgendem: wir setzen uns immer mit der ganzen Familie zu Tisch, einzeln habe ich (außer den Brustkindern natürlich) keinem einzigen zu essen gegeben, obwohl ich das Allerkleinste häufig zu mir auf den Schoß genommen und ihm bei Tisch das zu probieren gegeben habe, was für es »zahngerecht« war: einen Teelöffel Bouillon, Kartoffelbrei, Mehlbrei, Kascha – also von dem, was auch die anderen aßen.

Allmählich probierte das Kleine die verschiedenste Kost, und wir hatten beim Übergang zu einer neuen Nahrung nie die geringsten Schwierigkeiten mit ihm. Das Kind gewöhnte sich wahrscheinlich deshalb leicht an jede neue Kost, weil es mit kleinsten Portionen angefangen und so viel gegessen hatte, wie es wollte.

All das ersparte mir vollkommen die Zubereitung eines besonderen Essens für das Kleinkind und zugleich den Zeitverlust beim getrennten Füttern. Das erwies sich aber noch in anderer Hinsicht als sehr nützlich. Wenn alle am gleichen Tisch sitzen, kann das Kind viel leichter lernen, ordentlich zu essen und mit Tasse, Löffel und Gabel umzugehen, während dieses Lernen uns wiederum keinen besonderen Aufwand an Zeit kostete – alles geschah sozusagen »nebenbei«. Dabei gelang es mir selbst, normal und ohne Eile zu essen, denn ich brauchte bei Tisch niemanden mehr zu bedienen – das machte jemand anders aus der Familie. Das Kind war, ob es bei mir oder Vater auf dem Schoß saß oder später auf seinem Hochstuhl, ständig unter Aufsicht eines Erwachsenen. Das war ganz am Anfang sehr wichtig – denn da war es verhältnismäßig einfach, dem Kind das richtige Benehmen bei Tisch beizubringen. Später brauchten wir es dann nicht lange und quälend wieder umzuerziehen.

Mit der Zeit hatten wir nämlich genau begriffen, daß gleich der *erste* Versuch, den Löffel auf den Fußboden zu werfen, die Kascha auseinanderzuschmieren oder mit der Hand in den Brei zu patschen, streng durchkreuzt werden muß: indem man das Essen beiseite schiebt, den Löffel wegnimmt und vom Tisch aufsteht. Beim *ersten* Mal! Und wenn es nötig ist, auch beim zweiten und dritten Mal. Dann wird alles Weitere einfach sein. Fängt man aber an, das Kind zu überreden oder gar zu bestrafen, wenn es schon zehnmal die Kascha auseinandergeschmiert hat, worauf man bisher nicht so geachtet hat, dann werden sich Schreiereien, Launen und Ausbrüche nicht vermeiden lassen. Ich glaube, daß es von Anfang an einige klare Verbote geben muß: man darf nichts umkippen und beschmieren, man darf Brot nicht zerkrümeln, wegwerfen oder damit spielen, man darf (und das gilt für die älteren Kinder) keine Speisereste und Brotstücke liegen und kein Essen auf seinem Teller stehenlassen. Damit das nicht geschieht, fragen wir immer: möchtest du viel oder wenig, ist es genug? Wenn das Kind sich aber vertan hat und einfach nicht aufessen kann, dann verschieben wir das: »Du ißt es später auf«. Manchmal können Vater oder Mutter ihm helfen. Aber etwas wegzuwerfen – das kommt nicht in Frage, das ist ein Verbrechen!

Als die Zeit kam und das Kind selbst nach dem Löffel langte (das war bei uns mit einem Jahr, einem Jahr und drei Monaten der Fall), nicht um zu spielen, sondern um zu versuchen, damit zu essen, gaben wir dem Kind ein kleines Löffelchen, das es leicht halten konnte. Aber wir gaben es gleich beim ersten Mal richtig, nicht in die Faust und nicht zwischen Mittel- und Zeigefinger, sondern wie es sich gehört, und dabei hielten wir die ungehorsamen Fingerchen seiner Hand. Tatsächlich mußten wir die erste Zeit den Löffel mit dem Kind zusammen halten und ihm helfen, die Kascha nicht ins Ohr und nicht an den Hals, sondern ins Mündchen zu führen. So kann ein Tag nach dem anderen vergehen, sogar eine ganze Woche. Wir mußten uns in Geduld fassen. Dann versuchen wir allmählich, das Händchen des Kleinen loszulassen. Dabei gaben wir ihm wirklich *jedesmal* den Löffel nur so, wie es sich gehört, und achteten darauf, daß es den Löffel während des Essens nicht anders anfaßte. Und natürlich schimpften wir nicht, wenn es einen Mißerfolg gab, sondern lobten das Kind, wenn alles gutging. Wenn es aber dem Kind gelang, ganz allein einige Löffel Kascha zu essen (ich habe sie am Anfang nicht allzu fett gekocht), dann machten wir sogar ein kleines Fest daraus: Wir schenkten ihm zum Beispiel einen besonderen Löffel mit seinen Initialen.

Für alle diese »Kleinigkeiten« reichen bei den Erwachsenen häufig nicht die Geduld und nicht das Können (obwohl sie sich dabei immer auf den Mangel an Zeit berufen). Aber hier handelt es sich keineswegs um eine Kleinigkeit, sondern hier wird Selbständigkeit geboren. Diesen wichtigen Prozeß in der Entwicklung des Kindes sollte man unbedingt unterstützen, man sollte die Zeit dafür nicht scheuen und diese ersten Zeichen seiner Entwicklung auf keinen Fall versäumen – denn das wird sich später auszahlen.

Irgendwie bin ich jetzt doch nicht auf das Thema Gesundheit zu sprechen gekommen, sondern auf etwas ganz anderes, das damit gar nichts zu tun hat.

Boris Pawlowitsch: Nun, was soll's, schließlich haben wir schon in unserer ersten Broschüre »Haben wir recht?« geschrieben, daß wir dem Sprichwort: »Er ist schwach, weil er nicht genug Kascha gegessen hat« nicht zustimmen. Das war zum Teil zu einer Zeit richtig, als die Menschen hungerten, aber nur zum Teil. Und Kraft und Gesundheit hängen viel stärker von etwas ganz anderem ab. Dazu wollen wir jetzt übergehen.

Unser Sportzimmer

Boris Pawlowitsch: Wir wußten, daß mit wachsendem Wohlstand und Komfort des Stadtlebens Umfang und Intensität der körperlichen Betätigung bei Erwachsenen und besonders bei Kindern abgenommen haben – und *beträchtlich unter die optimale Dosis* gesunken sind, die für eine normale Entwicklung unerläßlich ist, und daß Hyperkinese und Hyperdynamik die Krankheiten unseres Jahrhunderts sind und zur Ursache vieler Erkrankungen, besonders der Herzgefäße, werden. Wir haben versucht, uns dieser Tendenz des Jahrhunderts entgegenzustellen, und früh damit begonnen – soweit das im Rahmen unserer Möglichkeiten lag –, die Bedingungen und die Form unseres Familienlebens so zu ändern, daß nicht nur das Bedürfnis der Kinder nach Bewegung maximal befriedigt, sondern daß dieses Bedürfnis bei ihnen auch *entwickelt* wurde. Dem half in außergewöhnlichem Maß die Tatsache, daß wir uns nicht scheuten, in dem einzigen Zimmer, in dem wir damals mit zwei Kindern lebten, eine Sportecke einzurichten. Zu dem Zeitpunkt wußten wir noch nicht, daß Turngeräte nicht nur in der Wohnung, sondern auch im Kindergarten, im

Hof, in den Kinderparks und an den Stränden unbedingt notwendig sind – einfach überall, wo Kinder sind, weil das eines der wirkungsvollsten Mittel zur Befriedigung des kindlichen Bewegungsdrangs und für seine Entwicklung ist. Als wir das erste Mal eine Sportausrüstung für die Kinder kauften (Ringe, Trapeze und eine Schaukel), war unser ältester Sohn ganze zwei Jahre alt und der zweite fast anderthalb. Wir hatten nicht einmal eine Ahnung, daß diese »zwei Ringe und diese beiden Seilenden« der erste Schritt auf dem Weg zu unserem künftigen Sportzimmer sein würden, zur universellen häuslichen Sportanlage von W. Skripaljow, der auf vier Quadratmetern einer städtischen Einzimmerwohnung *elf* Turngeräte unterzubringen vermochte und damit seinem Sohn und seiner Tochter die Freude an der Bewegung schenkte, und das bedeutet Gesundheit, Kraft, Mut und Geschicklichkeit . . .[2]

Und trotzdem haben Sie Zweifel: »Stricke und Recks im Zimmer? Hm, in den Kindergärten und Schulen ja, aber zu Hause . . .« Warten Sie, ich habe noch nicht alles gesagt.

Wenn man uns fragt: »*Wann fangen ihre Kinder an zu turnen?*«, dann antworten wir:

Sofort, sobald sie zu den Turngeräten hingelangen können. Sobald das Kind mit acht Monaten gelernt hat, sich von allen vieren zu erheben und sich hinzustellen, dann kann es auch schon nach den Ringen greifen, die von der Decke hängen und die ihm nach der Größe bis auf 80 Zentimeter vom Boden herabgelassen werden können, oder es kann sich an dem kleinen Reck zu schaffen machen oder um die senkrechte Stange herumtapsen. Wenn es also Turngeräte im Hause gibt, dann wird das Kind auch *so früh wir möglich* anfangen, sie zu benutzen, sobald es dazu in der Lage ist. Dieser *rechtzeitige* Beginn ist nicht nur für die körperliche, sondern auch für die geistige Entwicklung des Kindes nötig. Wichtig ist auch, daß bei ein oder zwei Kindern mindestens auch ein oder zwei Erwachsene oder ältere Kinder zu Hause anwesend sind, damit jemand da ist, der sie unterweist und in der ersten Zeit *absichert*. Es ist sehr schwierig, so etwas in den Kinderkrippen zu gewährleisten. Und noch etwas: Im Zimmer sind die Turngeräte immer zugänglich und ermöglichen dem Kind, ständig verschiedene Übungen *aufeinander folgen* zu lassen, jedes beliebige Spiel mit Bewegung anzureichern, körperliche mit geistiger Belastung zu vereinen und Abwechslung in ihre Tätigkeitsbereiche zu bringen – nicht nach einem vorgeplanten Programm, sondern *nach dem Bedürfnis*. Sehr wichtig ist der Zeitpunkt, auf den wir später noch einmal zurückkommen.

Als wir in das neue Haus zogen, richteten wir zuallererst das größte Zimmer als Sportzimmer ein. Natürlich brachten wir auf den Borden an der Wand auch Spielzeug, Spiele, Puppen und Baumaterialien unter, aber zur Hauptsache in diesem Zimmer wurden sofort die Turngeräte. Hier eine kurze Beschreibung unserer Geräte:

Zwei *Recks* von unterschiedlicher Stärke, deren Höhe nach Wunsch und Größe des Kindes verstellt werden kann.

Zwei *Stangen* aus Stahlröhren. Eine davon, die an einem Deckenbalken befestigt ist, dient als Stütze für die Recks. Die andere geht durch eine Luke in der Decke bis in die Mansarde und erreicht, indem sie zwei Zimmer »durchdringt«, eine Höhe von 5,70 Meter.

Eine *Leiter* mit Sprossen aus Duralröhren. Sie steht vertikal an der Wand, kann jedoch leicht abgenommen werden und sich in eine Brücke, eine Barriere, einen Schaukelstuhl, einen Zaun und sogar in ein »Flugzeug« (wenn man sie an Seilen aufhängt) verwandeln.

»*Lianen*« – hergestellt aus einem Kabel und einem Seil. Sie sind so von Turngerät zu Turngerät gezogen, daß sie ein ganzes System von »Luftwegen« bilden, an denen man sich entlang hangeln kann, ohne den Boden zu berühren.

Gymnastikringe, die das Lieblingsgerät der Kinder sind. Sie hängen an Stricken, die wiederum an einem Balken befestigt sind. Eine Spezialvorrichtung (ein »Achtriemer«) erlaubt, die Ringhöhe leicht und schnell zu verändern.

Ein *Seil* mit Knoten hängt neben den Ringen. An seinem unteren Ende ist eine Boxerbirne befestigt – wenn man sich rittlings daraufsetzt, kann man schön schaukeln. Manchmal hängen wir statt des Seils auch Expander oder Gummibinden oder gut dehnbaren Vakkuumgummi auf – für die großen »Mond«sprünge, die die Kinder sehr lieben.

Entlang der Wand sind der Größe nach kleine Säcke mit feinen Kieseln aufgereiht. Auf jedem von ihnen ist das genaue Gewicht angegeben – von 1 bis 18 Kilogramm. Da liegt auch eine kleine, aus Hanteln angefertigte Gewichtheberstange von einem Gewicht bis zu 15 Kilogramm.

Die Hälfte des Bodens nehmen zwei große weiche Matten ein. Darauf finden »Ringkämpfe« statt, darauf turnen die »Akrobaten«, halten die »Joga«fans ihre Übungen ab oder machen Kinder aller Altersstufen Purzelbäume.

Diese ganze kleine Turnhalle steht den Kindern von morgens bis abends zu Verfügung. Man kann sich nur schwer vorstellen, was hier los ist, wenn alle, groß und klein, sich hier versammeln und sportlicher Eifer sie packt! Die Kinder turnen von Gerät zu Gerät, eine Übung folgt der anderen, und natürlich erfinden sie neue Übungen und probieren sie aus. Alle Kinder haben eigene Übungen erfunden, und natürlich haben sie auch ihre Lieblingsübungen – jedes nach seinem Alter.

Das kleinste Kind beginnt, wenn es ungefähr acht, neun Monate als ist, damit, daß es um die Stange herumtapst. Dann macht es sich an die Ringe oder das kleine Reck. Später versucht es, die Beinchen hinüberzubringen, und wenn es ihm dann gelingt, einige Sekunden zu baumeln, dann belohnen wir den »Sportler« mit Beifall – denn das ist schon ein großer Erfolg, über den alle sich freuen.

Sobald die Händchen des Kleinkindes kräftiger werden, kann es nicht nur an den Ringen hängen, sondern auch damit nach Herzenslust *schaukeln.* Als unsere Kinder anderthalb bis zwei Jahre alt waren, gelang ihnen das recht gut. In dem Alter beherrschen sie auch schon eine komplizierte Übung, die die Bauchmuskulatur ganz vorzüglich entwickelt: Sie konnten die Beine im Hängen bis ans Reck oder an die Ringe hochziehen. Wenn das gut klappt, wird bald der »Frosch« an den Ringen folgen und dann »Schweinebaumeln« am Reck oder an den Ringen. Wenn das Kind starke Hände hat, kann es schon früh den *Klimmzug* beherrschen, aus dem sich in der Folge unser »Brotball« entwickelt, bei dem man während des Klimmzugs auch die Knie noch hochziehen und hängenbleiben muß, solange man kann.

Allmählich erlernen die Kinder so auch verschiedene Elemente der Gymnastik. Im Alter von fünf, sechs Jahren können sie an den Ringen »in den Stütz gehen« und einen »Winkelstütz« machen, und am Reck können sie sogar eine »Wende in den Stütz« ausführen, eine Übung, die vielen Rekruten in der Armee nur mit Mühe gelingt. Je kräftiger die Kinder werden, desto mehr möchten sie sich bewegen und desto mehr neue, ungewohnte Übungen an den Geräten wollen sie sich ausdenken. Eine der Lieblingsübungen und auch eine der am weitesten verbreiteten Übungen ist das »Flugzeug«. Das Kind, das an den Ringen hängt, dreht sich um seine Achse, bis die Seile zu einem Strick zusammengeschnürt sind, um dann die Beine anzuziehen und sich in die entgegengesetzte Richtung wieder auseinanderzudrehen.

Die kräftigeren, stärkeren und geschickteren unter den Kindern mögen gerne an den Seilen und an der Stange entlang kriechen, und manchmal entwickeln sie dabei eigene Kriechmethoden. Wanja zum Beispiel nahm als Siebenjähriger einen Ball in die linke Hand und kam mit Hilfe der Füße und nur der rechten Hand die Stange bis zur Decke hoch. Wenn wir die Luke öffneten, konnten die Kinder auf diese originelle Art direkt über die Stange in die Mansarde gelangen, ohne eine Leiter zu benutzen. Und noch angenehmer war es, durch die Luke nach unten zu rutschen, wie ein Feuerwehrmann bei Alarm. Manchmal, wenn Besuch da ist, arrangieren die Kinder eine lustige Vorstellung mit Verkleiden. Sie heißt »Wieviel Kinder sind wir?« Oben in der Mansarde wird ein Haufen verschiedener Kleider vorbereitet, dann rutscht ein Kind nach dem anderen, angetan mit einem »Kostüm«, die Stange herunter und stellt sich nach einer Verbeugung vor: Olja, Wanja, Anja usw. Danach laufen sie die Treppe wieder hinauf, ziehen etwas anderes an, rutschen wieder herunter und stellen sich aufs neue vor: Petja, Sonja, Kolja . . . Einer nach dem anderen purzeln sie von oben herunter wie Erbsen, und schon bald kommt man beim Zählen aus dem Konzept: fünfzehn, zwölf, fünfundzwanzig! Unsere Gäste lächeln dann: »Man kann wirklich nicht richtig zählen, wieviel Kinder haben Sie eigentlich?«

Darüber zu berichten, ist schwer, besser wäre es, das Ganze einmal zu zeigen. Wenn man sich die Filme »Haben wir recht?« (1965), »Ein Tag in der Familie Nikitin« (1969), »Die Nikitins« (1975) und »Das längste Examen« ansieht und bei uns zu Hause zu Besuch ist, möglichst zusammen mit den eigenen Kindern, die dann nur noch mit Gewalt von diesen »Stricken und Recks« herunterzubekommen sind, dann wird man nicht mehr fragen, wozu sie nötig sind, sondern bitten: Sagen Sie uns, wo gibt es so etwas zu kaufen, wie kann man das selbst anfertigen?

Lena Alexejewna: Ja, ja, der eine bittet, und der andere ängstigt sich: »Ach, er wird fallen! Ach, er überanstrengt sich!«, und ich werde gefragt: »Wie können Sie das alles ruhig mit ansehen? Sie sind doch die Mutter, haben Sie denn gar keine Angst um die Kinder?« Und mißtrauisch wird meine Antwort aufgenommen: »Was sagen Sie da! Ich hätte viel mehr Angst um sie, wenn all das nicht wäre.« Denn dank dieser sportlichen Umgebung werden die Kinder nicht nur kräftig und geschickt, sondern auch sehr vorsichtig. – Und jetzt möchten wir versuchen zu erklären, warum. Also . . .

Ist es nicht gefährlich, die Kinder auf die Turngeräte zu lassen?

Boris Pawlowitsch: Natürlich ist das gefährlich. Besonders für unvorbereitete Kinder. Versuchen Sie mal, einen Fünfjährigen auf das Seil unter der Decke zu setzen, und schauen Sie, was geschieht. Entweder schreit er vor Angst, oder er klammert sich an Ihnen fest, damit Sie ihn nicht da oben sitzen lassen (und das ist nicht einmal schlecht: er ist also vorsichtig), oder aber er möchte ohne Zittern und Zagen, weil er unsere Kinder beobachtet hat, auch eine Rolle auf dem Seil machen, landet aber mit einem »Purzelbaum« auf dem Fußboden. Gut, wenn er richtig hinfällt – das muß man schließlich auch können –, dann bleiben ihm eine Beule oder ein blauer Fleck erspart, aber wenn er nicht richtig fällt? Dann sind Brüche, Sehnenzerrungen und auch eine Gehirnerschütterung möglich: Denn die Höhe ist ziemlich groß, und die Matte unten reicht nicht überall hin.

Wir haben in 17 Jahren nicht eine einzige ernste Verletzung bei den Kindern erlebt, obwohl sie dazu viel mehr Gelegenheit hatten als andere Kinder.

Einmal – und das war vor vierzehn Jahren – machte unsere Babuschka, die gesehen hatte, wie ich das Reck höher unter die Decke zog, folgende Prognose:

»Sie werden sich bestimmt die Beine brechen! Ihr werdet euch noch an meine Worte erinnern!«

Aber die Prognose traf nicht ein, obwohl wir sieben Kinder bekamen und im Haus wie auch im Hof jedes Jahr neue Turngeräte dazukamen. Und jetzt sind wir schon fest davon überzeugt, daß die Wahrscheinlichkeit von Verletzungen bei uns gering ist. Warum?

Erstens, weil die Kinder sehr stark sind. Für sie ist es eine Kleinigkeit, eine oder anderthalb Minuten an einer Hand am Reck zu hängen. Und sie halten sich sehr kräftig am Reck fest.

Zweitens fühlen sie sehr genau die Grenzen ihrer Möglichkeiten, d. h. sie wissen, was sie schaffen können und was nicht.

Einmal veranstalteten sie im Zimmer »Wasserspringen« aus verschiedener Höhe und stellten einen Koffer, eine Fußbank, ein Kinderstühlchen, einen Stuhl, einen Hochstuhl und den Tisch nebeneinander in eine Reihe, und auf den Tisch stellten sie noch einen Stuhl, so daß schließlich eine Leiter entstand. Der älteste »Springer« war fünf Jahre alt, der jüngste, Olja, noch nicht zwei. Nachdem sie von der niedrigsten Stufe auf den kleinen Teppich, das ist das »Wasser«, gesprungen sind, klettern sie auf die nächsthöhere und springen wieder hinunter. Olja beobachtet die Brüder genau, macht alles genauso wie sie und klettert hinter ihnen nach jedem Sprung höher hinauf. Bald war auch sie von dem Hochstuhl gesprungen und kletterte auf die nächste Höhe – den Tisch. Aber sie schaute vom Tisch auf den Fußboden und – sprang schließlich doch nicht, sondern stieg hinunter auf den Hochstuhl und sprang von da ins »Wasser«. Der Höhenunterschied zwischen Tisch und Hochstuhl beträgt nur 12 Zentimeter, aber sie fühlt ihn gut, springt wohl aus 65 Zentimeter Höhe, aber nicht aus 77 Zentimeter Höhe, obwohl die Brüder schon aus 1,00 und 1,30 Meter Höhe springen. Es ist eben dieses genaue »Gefühl für die Grenzen ihrer Möglichkeiten«, das unsere Kinder bei den Übungen an den Turngeräten entwickelt haben und das sie zuverlässig vor allen möglichen Unannehmlichkeiten schützt und uns erlaubt, uns nicht um sie zu ängstigen.

Wie machen Sie die Kinder am Anfang mit den Turngeräten bekannt, und wie bringen Sie ihnen Vorsicht bei?

Boris Pawlowitsch: Natürlich kann man das alles nicht der Spontaneität überlassen – das ist zu riskant, aber spezielle Übungen in »Sicherheitstechnik« führen wir auch nicht durch. Wir gehen anders vor.

Folgendes Bild können wir immer wieder beobachten, wenn bei uns Gäste mit ihren Kindern zu Besuch sind.

Einer der Väter führt seinen vierjährigen Sohn zu den Ringen, aber die Ringe hängen hoch. Und der Vater, der gar nicht weiter nachdenkt, greift ihm unter die Arme und hebt ihn an die Ringe.

»Halt dich tüchtig fest!« rät er. Der Kleine selbst weiß noch nicht so richtig, was das ist – tüchtig festhalten, und der Vater, der auch nicht fühlt, wie kräftig sich das Kind festhält, fängt auch noch an, es in Schwung zu bringen. All das endet gewöhnlich mit großem Ärger: Der Kleine stürzt ab, weil die Belastung der Hände beim Schaukeln zu stark zunimmt. Wir machen das anders: wir heben das Kind nie in eine Höhe, die es selbst nicht erreichen kann, sondern lassen die Ringe herunter, damit es sie *selbst* erreichen kann. Und niemand wird es in Schwung bringen, bevor es das nicht *selbst* kann. Und niemand macht ihm Vorwürfe, wenn etwas noch nicht gelingt oder schlecht endet. Dagegen werden wir sehr aufmerksam auf das Kind achten, wenn es sich das erste Mal einem Gerät nähert.

Nehmen wir an, die zweijährige Olja krabbelt zum ersten Mal auf die steile Treppe. Hinauf kommt sie leicht. Sie sieht, an welcher Stufe sie sich festhalten muß, und die Füßchen folgen den Händen. Wieder hinunterzukrabbeln ist für die Kleine hingegen unwahrscheinlich schwer. Sie steigt mit einem Füßchen hinunter, aber sie findet die Stufe nicht. Nach unten schauen kann sie noch nicht . . . das ist also der kritische Augenblick. Wie soll man sich nun verhalten? Hingehen und das Töchterchen sofort herunternehmen – das wäre töricht. Sie würde nichts dazulernen, keine Erfahrung erwerben. Sie würde morgen wieder hinaufkrabbeln, und alles würde sich von Anfang an wiederholen, oder sie würde von der Treppe fallen, wenn Erwachsene nicht in der Nähe sind.

Ich stehe neben ihr, nehme das Töchterchen aber nicht herunter, sondern gehe nur näher heran, um sie auffangen zu können, falls sie stürzt. Und nun beginnt die »Lektion«. Die Kleine quiekt und piepst, sie hat Angst, das Füßchen kann die Stufen einfach nicht finden. Es vergeht eine halbe Minute, eine Minute, während das Füßchen die Stufe ertastet – nicht ohne meine Hilfe, wenn es sein muß. Wieviel unangenehme Gemütsbewegungen sowohl für mich als auch für das Töchterchen birgt dieser Augenblick, morgen dagegen ... Oho! Morgen wird es richtig interessant! Die kleine Olja krabbelt natürlich wieder auf diese unglückselige Treppe. Aber sie erinnert sich an die gestrige Unannehmlichkeit, klettert nur auf *eine* Stufe, sieht mich siegreich an und – klettert auch schon wieder herab.

»Prachtmädchen, Olka!« freue ich mich. Das gleiche wiederholt sich nun viele Male, und erst dann wird sie langsam mutiger und krabbelt zwei und dann drei Stufen hoch. Eben diese Fähigkeit, ihre Möglichkeiten abzuschätzen, erlernen unsere Kinder vom ersten Lebensjahr an.

Lena Alexejewna: Die Kinder haben hier ihre Schwierigkeiten, aber auch wir Erwachsenen haben Probleme. Vater muß darauf verzichten, überflüssigerweise anzutreiben, anzustacheln und zu beschleunigen, und Mutter muß sich verkneifen, dem Kind bei der erstbesten Schwierigkeit impulsiv und vorzeitig zu helfen.

Ich weiß von mir selbst, wie schwer das ist, aber es muß sein! Nötigung und Druck auf das Kind erzeugen bei ihm entweder Angst oder Widerspenstigkeit und hemmen, paralysieren in jedem Fall gleichsam Wunsch und Willen des Kindes. Und das *erregt* kaum sein Interesse für die Übungen. Ein überflüssiger Vorwurf, das »Zittern« um das Kind, das Verhindern kleinster Stöße und Stürze wecken in ihm nur Unentschlossenheit, Unselbständigkeit und *Unvorsichtigkeit:* Denn an seiner Stelle denkt ja Mama an die Gefahren!

Was soll man denn nun tun: Nötigen darf man nicht, behüten darf man nicht, was muß man also tun, damit etwas dabei herauskommt? Man muß sich freuen. Ja, ja, sich freuen, wenn dem Kind etwas gelingt. Das ist nach unseren Beobachtungen das Hauptstimulans für erfolgreiche Übungen mit dem Kind. Die vollendetste Sportanlage ruft sein Interesse nicht hervor, »arbeitet« nicht, wenn wir Erwachsenen gleichgültig bleiben bei dem, was das Kind mit ihr anfängt, wie ihm etwas gelingt.

Nun, und wenn es gefallen ist? Oder wenn es einen Mißerfolg hatte? Dann muß man es trösten. Natürlich, trösten, ihm die Äuglein abwischen, es ermutigen (»Sei nicht traurig, es klappt schon noch!«), aber erst dann, wenn das Kind sich wirklich Mühe gegeben hat, wenn es geächzt und gestöhnt hat oder nach einem weiteren Mißerfolg sogar zu weinen beginnt. Ich bemühe mich nur immer, Trost dieser Art zu vermeiden: »Ach, das sind ja schlechte Ringe, sie gehorchen Wanjetschka nicht.« Ich sage lieber so: »Schade, die Ringe wollten dich hin und her schaukeln, aber du konntest nicht mithalten. Nun, das macht nichts, komm, wir trösten sie, und dann versuchen wir es noch einmal . . .«

Wer bestimmt, wie lange das Kind turnt?

Boris Pawlowitsch: Auf diese Frage antworten wir manchmal mit einer Gegenfrage: Wer bestimmt, wie lange mit Puppen oder Bauklötzen gespielt werden darf, wie lange Bewegungsspiele gemacht werden dürfen? Ich meine, die Kinder sollen spielen, solange sie wollen!

Da klettern die fünfjährige Anja und die dreijährige Julja nacheinander auf einen Stuhl, vom Stuhl auf den Tisch, und von da springen sie auf den Teppich und klettern dann wieder vom Stuhl auf den Tisch.

»Wann die wohl keine Lust mehr haben zu springen?« fragt mich Lena, die mit Näharbeiten beschäftigt ist. »Ich werde mal zählen«, antworte ich und beginne, Striche in mein Heft zu machen. Und was geschah? Sie hörten nach dem 72. Zeichen auf. 232 »Frosch«sprünge machte der zweijährige Wanja fast hintereinander und eignete sich diese Fortbewegungsart, weil sie ihm gefiel, so auch gleich an. 500 Kniebeugen hintereinander machte einmal der fünfjährige Anton und sagte dann: »Ich hätte noch mehr machen können, aber es wurde zum Essen gerufen.« Zehn bis fünfzehn Minuten können die Kinder sich auf dem Seil, auf der Boxerbirne und auf den Recks aufhalten. Der Boden gilt dann nämlich als »Wasser«, und darin kann man »ertrinken«, darum müssen alle Platzwechsel in der Luft vorgenommen werden.

Sie sehen, daß wir uns fast völlig auf die Gefühle der Kinder verlassen haben, und wir haben das nicht bedauert: Sie bestimmen sehr genau die Grenzen, die für ihren Organismus nützlich sind. Und es ist einfach verblüffend, wie lange und ohne Ermüdungserscheinungen die Kinder ein und dieselbe Übung wiederholen können. Und nicht weniger erstaunlich ist, daß es ganze Tage gibt, an denen keines von ihnen auch nur ein einziges Mal an ein Turngerät herangeht. Wie soll man da irgendeine Norm für die Übungen aufstellen? Wer *außer ihnen* selbst kann denn ihr tägliches, stündliches und spontanes Bedürfnis nach Bewegung, ihre Möglichkeiten und ihre optimale Belastung bestimmen? Niemand! Nicht der erfahrenste Trainer der Welt kann das besser als das Kind selbst. Und warum soll man hierbei der Natur nicht vertrauen?

Das waren unsere Überlegungen, und so haben wir es auch gehalten, und, wissen Sie, die Natur hat uns nicht ein einziges Mal im Stich gelassen.

Wenn das Kind zum Beispiel lange läuft, dann wird es einfach müde, und es möchte nicht mehr weiterlaufen. Da arbeitet das Gefühl der Müdigkeit, und es ruht sich aus. Eine Überbelastung ist nur dort möglich, wo das Kind gegen seinen Wunsch *gezwungen* wird, zu laufen oder etwas mit Widerwillen zu tun. Im Spiel gibt es so etwas nicht, und somit ist die Spielsituation ein zuverlässiger Schutz gegen Überbelastungen, auch was kräftemäßige Überbelastungen angeht.

In unserem »Sportzimmer« liegen Säcke mit Kieselsteinen von verschiedenem Gewicht – ein, zwei, drei, vier, fünf . . . achtzehn Kilogramm. Sie haben oben und unten angenehm weiche Griffe, und man kann sie mit einer Hand, aber auch mit beiden Händen hochheben, sie allein und zu zweit tragen.

Was geschieht nun, wenn das Kind nach einem schweren Sack greift, der über seine Kräfte geht? Ein solches Bild konnten wir oft beobachten. Die Älteren bauen irgendeine Festung und bitten die Jüngeren: »Schleppt mal alle Säcke her!« Die Kleinen greifen zunächst nach dem erstbesten Sack, aber wenn der sich trotz seiner Anstrengung nicht rührt, dann läßt das Kind ihn wieder los und greift nach dem zweiten, dritten und vierten, bis es einen zu fassen bekommt, der endlich nachgibt. Auch hier erfassen die Kinder intuitiv ihre Möglichkeiten, wie das in vielen Lebenslagen erforderlich ist.

Einmal organisierten die Kinder einen Wettbewerb – auch ein Spiel –, sie hatten im Fernsehen den Auftritt der Gewichtheber in Montreal gesehen. Anstelle von Gewichten nahmen sie die Säcke mit den Kieselsteinen, und auf jedem von ihnen ist mit großen Ziffern des Gewicht angegeben.

Julja, der »Rundfunk-Kommentator«, teilt über ein Sprachrohr mit: »Wanja, Meister des Sports, aus der Mannschaft der UdSSR, hebt ein Gewicht von 12 Kilogramm[3]«!

Zuerst stemmen sie die leichten Säcke über den Kopf, dann aber erreichen sie »persönliche Rekorde«. Einen Sack von 14 Kilogramm konnte der »Meister des Sports« Wanja immerhin schon bis an die Brust heben, aber ihn über den Kopf zu stemmen, gelang ihm nicht. Die Anstrengungen dabei sind maximal und erreichen die Grenzen ihrer Möglichkeiten, aber da sie sich häufig wiederholen, und zwar im Alter von einem Jahr, mit zwei Jahren und natürlich auch später, sind sie nicht nur nicht gefährlich, sondern – wie wir meinen – sehr nützlich. Denn dabei geht die Entwicklung der Kraft weit schneller vor sich als bei kleinen Belastungen, und außerdem werden nicht nur die Muskeln stärker, sondern auch die Sehnen und die Knochen des Kindes. Aus diesem Grund kann die fünfjährige »Krankenschwester« Ljubotschka die »Verwundeten« – Wanja und sogar Julja – auf dem Rücken tragen, obwohl diese zehn Kilogramm schwerer sind als die »Krankenschwester«. Wir sind heute überzeugt, daß gerade das ewige Beschützen des Kindes vor Belastungen, wie es Mütter oder Babuschkas so gerne tun, weil sie Risse und Stöße und seine Anfälligkeit für Brüche fürchten, alle möglichen Verletzungen und gefährliche Stürze nur begünstigt.

Lena Alexejewna: Ich würde nicht nur gegen die Frauen zu Felde ziehen. Zum Behüten und Beschützen sind wir Mütter und Babuschkas ja da – darin liegt unsere biologische und soziale Aufgabe, sogar Verpflichtung. Nun, es kommt vor, daß wir überängstlich sind, daß wir es mit der Bevormundung übertreiben, aber das kommt nur von übergroßem Eifer. Und vielleicht noch daher, daß es in den Familien an männlichem »Widerstand« gegen unsere feminisierte Erziehung fehlt, oder[4]? Ich selbst kann manchmal nur schwer all die »maximalen Anstrengungen« mit ansehen, welche die Kinder sich unter unmittelbarer Teilnahme des Vaters, unseres hauptsächlich Anführers beim Sport, ausdenken. Und ich schaue zu und denke: »Ja, sie vor Überbelastung zu schützen, ist kein Problem, aber sie so stark zu belasten, könnte ich mich wohl nicht entschließen. Gut, daß der Vater da ist: Er kann es.«

Wie sind Ihre Kinder bis zur Schule körperlich entwickelt?

Boris Pawlowitsch: Das hängt ganz von den Kriterien ab, die man bei der Beurteilung zugrunde legt. »In den Kindergärten und Schulen wird die Bewertung der physischen Entwicklung der Kinder auf der Grundlage der Meßergebnisse der Größe, des Gewichts und des Brustumfangs vorgenommen«, heißt es in dem Buch *Den Eltern über ihre Kinder*, Leningrad 1975, S. 92.

Nach diesen Kriterien sind unsere Kinder nur durchschnittlich entwickelt, einige von ihnen sogar schlechter als der Durchschnitt – so steht es auch in ihren medizinischen Schulausweisen. Und es stimmt: Keines von ihnen hat die heute gültigen Normen des beschleunigten Wachstums erreicht. Aber uns macht das keine Sorgen, im Gegenteil, es freut uns, weil »von den schädlichen Einflüssen der Akzeleration Haltungsschäden, eine Tendenz zu Körperschwäche, eine verstärkte Anfälligkeit für Rheumatismus und dessen Auftreten schon im frühen Alter und häufige Hypertonien beim Jugendlichen herrühren« (I. Usow, R. Maso, *Pädiatrisches Lehrbuch für Ärzte*, Minsk 1969, S. 13) und außerdem eine Verkürzung der allgemeinen Lebensdauer, wie sich aus Experimenten mit Tieren ergeben hat.

Wenn man also nach anderen Kriterien urteilt, etwa nach den Kriterien, aufgrund derer die Trainer Kinder in Sportschulen[5] und Vereine aufnehmen (Kraft, Schnelligkeit, Gelenkigkeit, Geschicklichkeit, Ausdauer), dann ergibt sich schon ein ganz anderes Bild: Hier haben unsere Kinder in vielem sogar ihre größer gewachsenen Altersgenossen überflügelt. Diesen Unterschied haben wir schon ziemlich früh feststellen können. Am Anfang machten wir einen Vergleich mit den Angaben aus den Büchern. Wir lesen zum Beispiel in dem Buch für Eltern, daß sich die Fertigkeit zum Laufen erst im Alter von drei Jahren herauszubilden beginnt und daß das Kind sich in dieser Zeit noch nicht in der »Flugphase« befindet, sondern daß es sich eher um schnelles Gehen im Watschelstil, nicht aber um Laufen handelt. Und wir wundern uns: Denn unsere Dreijährigen können richtig und leicht laufen.

Sie springen einfach vom Tisch auf den Fußboden, während eigentlich erst den Siebenjährigen erlaubt werden soll, aus einer Höhe von 70 Zentimetern zu springen. In dem Buch heißt es auch, daß Fünf- bis Sechsjährige nur 30 Meter um die Wette laufen können und nicht mehr als 500 Meter spazierengehen können. Aber unsere Dreijährigen können schon zwei bis drei Kilometer im leichten Trab laufen und stehen mir selbst darin in nichts nach, auch wenn ich voll und schnell ausschreite. Und was erst die Vier- bis Fünfjährigen angeht, so nehmen wir sie mit zum Wandern, und sie schaffen 20 bis 25 Kilometer und überraschen uns immer wieder durch ihre Unermüdlichkeit.

Während die Erwachsenen sich in den Rastpausen genußvoll unter einen Baum legen und die müden Beine ausstrekken, werfen die Kinder ihre Rucksäcke hin, fangen auf der Stelle ein Abschlagspiel an oder machen sich an das »Auskundschaften« der unbekannten Örtlichkeit.

Uns erstaunte dieses Auseinanderklaffen der Büchernormen und der Wirklichkeit. Wir haben gesehen, daß die Möglichkeiten der Kinder unsere Vorstellungskraft um einiges überschreiten. Aber wie soll man sie messen? Wie lassen sich solche Kriterien finden, die erlauben könnten, das Entwicklungsniveau von Kindern verschiedenen Alters, verschiedener Größen und verschiedenen Gewichts zu vergleichen? Diese Aufgabe erwies sich als sehr schwierig. Aber wir haben sie in einer annähernden Berechnung, so glaube ich, doch gelöst.

Lena Alexejewna: Nicht wir, sondern du. Ich hätte nie die Geduld gehabt, so oft zu messen, zu zählen, nachzurechnen und derart viele Tabellen mit all diesem »Geziffere« auszufüllen, in dem ich mich nur schwer zurechtfinde.

Boris Pawlowitsch: Aber ohne dieses »Geziffere« wäre es unmöglich gewesen, objektiv zu bestimmen, zu vergleichen, zu bewerten. Denn es ist doch einfach zu sagen: stärker, schneller, höher – das hieße wenig sagen, solange man nicht weiß, *wieviel* stärker, *wieviel* schneller. Ich habe versucht, solche Kriterien zu finden, die erlauben könnten, dieses »wieviel« zu bestimmen.

Das wichtigste dieser Kriterien ist natürlich die *Kraft.* Und das Gerät, mit dem man sie mißt, ist bekannt – das ist ein feststehender Kraftmesser, der anzeigt, welche Last ein Mensch maximal von der Erde lösen kann. Die Kinder messen sich gern und oft am Kraftmesser, nehmen dabei aber eine angenehme Stellung ein. Sie biegen den Rücken nicht, ganz wie Lastenträger oder Gewichtheber, wenn sie ein optimales Ergebnis zeigen müssen. Wir haben diesen Gradmesser die »maximale Last, die ein Mensch in der vorteilhaftesten Stellung von der Erde lösen kann« genannt. Diese maximale Last haben wir allerdings nicht nur in Kilogramm gemessen, sondern auch im eigenen Gewicht, das heißt, wir verteilten diese Last auf das Gewicht des Kindes.

Und folgendes hat sich dabei herausgestellt. Ein dreijähriges Stadtkind kann eine Last von der Erde lösen, die im Schnitt seinem eigenen Gewicht entspricht, und ein Sechsjähriger das Anderthalbfache. Unsere fünfjährige Ljuba kann schon das zweieinhalbfache ihres Gewichts heben, und die älteren können das 2,8, 2,9, 3,1fache, d. h. im Schnitt etwa das Dreifache stemmen. Aus diesem Grund können sie sich auch gegenseitig auf dem Rücken tragen, die Kleinen sogar die Älteren.

Aber die Kraft ist sozusagen ein statisches Merkmal, und um auch die dynamischen Möglichkeiten des Kindes charakterisieren zu können, nahm ich noch die Höchstgeschwindigkeit als Kriterium, die das Kind im Lauf entwickelt, und zwar auf je 30 Metern. Dabei maß ich die Laufgeschwindigkeit nicht in Metern, sondern in ihrer *Zunahme pro Sekunde* (Z/S). Und da zeigt sich, daß man die »Lauffähigkeiten« von Kindern verschiedenen Alters miteinander vergleichen kann. Als Sieger geht bei dieser Berechnung nicht immer der Älteste und

Größte hervor, sondern der Flinkste, und das kann auch ein Kind sein, das der Größe nach das kleinste ist.

Es zeigte sich, daß Kinder im Alter von fünf bis sechs Jahren im Schnitt mit einer Geschwindigkeit von 3 Z/S laufen, aber unsere erreichten in diesem Alter 4 Z/S, während die Geschwindigkeit im siebten und achten Lebensjahr bis auf 4,5 Z/S anwächst. Im Alter von neun Jahren lag dieser Wert bei Anja bei 5,2 Z/S.

Natürlich wollte ich mit dieser Methode auch die Laufgeschwindigkeit unserer »Meister des Sports« bestimmen. Sie beträgt im Schnitt 5 bis 5,4 Z/S (beim Olympiasieger Walerij Borsow beträgt sie 5,48 Z/S), so daß Borsows Geschwindigkeit sich mit der Geschwindigkeit unserer Kinder vergleichen läßt. Das hatte ich nicht erwartet. Denn ein besonders Training hatten wir ja nicht mit ihnen durchgeführt, und sie selbst laufen auch nicht regelmäßig – trotzdem sind die Ergebnisse sehr gut. Wahrscheinlich hat sich hier die Tatsache ausgewirkt, daß sie sich immer viel und mit großem Vergnügen bewegt haben.

Um ähnlich objektive Daten zu gewinnen, messen wir drei- bis viermal im Jahr den »Stand der körperlichen Vollkommenheit« bei den Kindern, und zwar nach rund zwanzig verschiedenen Merkmalen. Daraus kann man ersehen, daß die Kleinen sich schon mit vier bis fünf Jahren bis zum Kinn am Querbalken hochziehen können (der siebenjährige Wanja schafft das elfmal hintereinander und die zehnjährige Julja vierzehnmal) und daß sie im Alter von drei bis vier Jahren eine senkrechte Metallstange vier bis fünf Meter hinaufklettern können (die Älteren brauchen dafür sechs bis zehn Sekunden).

Aus dem Hängen am Querbalken heraus können die Fünf- bis Sechsjährigen vierzig- bis fünfzigmal hintereinander die Beine hochziehen und mit ihnen die Hände berühren. Sie können eine ganze Minute oder auch anderthalb Minuten am Reck hängen und sich mit nur einer Hand festhalten usw.

Es ist unmöglich, hier alles aufzuzählen, wie es leider auch unmöglich ist, alle unsere vergleichenden Daten über die Entwicklung unserer Kinder und ihrer Altersgenossen anzuführen. Ich möchte nur noch eine wichtige Beobachtung erwähnen: Die besten Ergebnisse in den Sportwettbewerben zeigen in der Regel diejenigen Kinder, in deren medizinischen Schulausweisen in der Rubrik »körperliche Entwicklung« vermerkt ist: »durchschnittlich« oder sogar »unter dem Durchschnitt«. Ist das etwa nicht beschämend?

Die Kinder sind in die Schule gekommen und . . . ?

Lena Alexejewna: Natürlich hat sich in ihrem Leben vieles geändert . . . wie bei allen Kindern. Übrigens war der Kontrast zwischen dem Schulleben und dem häuslichen Leben für unsere Kinder noch sehr viel größer als für andere: Anstelle der leichten Höschen mußten sie die schwere Schuluniform anziehen – im direkten wie im übertragenen Sinn.

»Ihr bereitet die Kinder überhaupt nicht auf die Schule vor«, klagte die Babuschka betrübt, »sie werden es schwer haben, sich an die schulischen Anforderungen und an die strenge Disziplin zu gewöhnen.«

Uns aber beunruhigte etwas ganz anderes: Wie wird das *Sitzen* in der Schulbank auf unsere unruhigen Geister wirken? Sitzfleisch hatten wir ja nie von ihnen verlangt, im Gegenteil, wir hatten sie immer ermuntert, sich zu bewegen, Bewegung, Bewegung . . .

Und stellen Sie sich vor, das hat ihnen auch geholfen. Und das ist kein Widerspruch. Die Schulbank hat sie natürlich ermüdet, aber der gewohnte Drang nach Bewegung, ihr entwickeltes Bedürfnis danach, hat einen Ausweg gefunden. »Ich mochte so gern in den Pausen laufen und rannte die ganze Zeit herum«, erinnert sich Anotschka an die Grundschule.

»Aber man hat es uns nicht erlaubt«, seufzt Olja, »und ich hätte so gern gewollt . . .«

Dieser Wunsch wurde zu Hause befriedigt: Denn hier waren wieder die Hosen, die bekannten Turngeräte und die gewohnte Freiheit im Wechsel der Beschäftigungen und in ihrer Abfolge. Und die Tatsache, daß sie kräftige Muskeln und stabile Knochen hatten, erwies sich als zuverlässiges Mittel gegen Wirbelsäulenverkrümmung – dieser Geißel vieler Schüler. Wir mußten nicht einmal besonders auf ihre Haltung achten und auch nicht darauf, daß sie gerade am Tisch saßen, wenn sie Schularbeiten machten. Dazu bestand keine Notwendigkeit, und das um so weniger, als sie sich nicht allzu lange bei den Schularbeiten aufhielten.

Boris Pawlowitsch: Bei dir sieht das irgendwie alles viel zu gut aus: Das haben wir vermieden, und das haben wir ausgeglichen. Aber mein »Geziffere« hier gibt uns keinen Anlaß zur Selbstzufriedenheit. Je älter unsere Kinder werden, desto beunruhigender fallen meine Messungen aus. Beunruhigung rufen allerdings nicht Größe und Gewicht hervor, die sind ganz normal: Mit 16 Jahren haben die beiden älteren Söhne mich in der Größe eingeholt, und ich bin 1,75 Meter groß. Aber die Werte für Stärke, Schnelligkeit und Ausdauer fallen. Bewegung macht ihnen schon nicht mehr so viel Vergnügen wie früher. Warum? Die häusliche »Turnhalle« wird für die heranwachsenden Kinder zu klein und uninteressant, und in der Nähe gibt es kein Stadion, kein Schwimmbad und keine richtige Turnhalle. Aber die Schulbank, die bleibt, und nicht nur drei bis vier, sondern sechs bis sieben Stunden täglich . . .

Lena Alexejewna: Ja, die Kinder kommen müde nach Hause, nicht vom Lernen, sondern vom Sitzen. Und hinzu kommt, daß sie – da sie sich an die warme Schulkleidung gewöhnt haben – zu Hause immer unwilliger etwas ablegen. Früher, noch vor der Schule, mußte ich ab und zu sagen: »Es ist ein bißchen kühl, willst du nicht ein Hemd anziehen!« Und jetzt kommt es häufiger vor, daß ich einen traurigen Vorwurf nicht zurückhalten kann: »Warum mußt du dich denn von Kopf bis Fuß derart einpacken?« Wahrscheinlich können wir in den höheren Klassen der allmächtigen Schulbank mit unseren Mitteln schon nicht mehr entgegenwirken, und mit großem Kummer sehen wir, wie alles, was wir bis zur Schulzeit erreicht haben, allmählich wieder auf den Nullpunkt gebracht wird.

Boris Pawlowitsch: Manchmal fragt man uns: Und warum sind Ihre Kinder keine Sportler geworden? Nach unseren Daten könnten sie viele Sportarten erfolgreich ausüben, und sie würden zweifellos gute Ergebnisse erzielen – das ist jedenfalls die Meinung der Trainer, die unsere Kinder an den Turngeräten und beim Laufen beobachtet haben. So ist es wohl auch. Die drei Kleinen wurden vor einem Jahr gerne in einen Akrobaten-Zirkel aufgenommen, und nach anderthalb Monaten erreichten die Mädchen schon den 3. Jugendrang in Akrobatik. Aber zum einen mußten sie sehr weit fahren, um zum Unterricht zu kommen, und allein setzt man sie ja doch nicht so gerne auf den Zug, und zum zweiten fehlt ihnen doch, obwohl sie gerne turnen, diese verzehrende Leidenschaft, die man braucht, wenn man sportliche Höhen erreichen will. Mich macht das einigermaßen traurig, aber Mutter . . .

Lena Alexejewna: Nicht sehr. Mehr noch: Mich macht das überhaupt nicht traurig. Der große Sport verschlingt den Menschen doch mit Leib und Seele. Er wird die Hauptsache in seinem Leben, und alles andere wird ihm untergeordnet. Aber unseren Kinder bleibt noch so viel von diesem »Anderen«, eine solche Unmenge an Dingen und Interessen zieht sie an, daß für den Sport nur eine Nebenrolle bleibt, meiner Ansicht nach die einzig richtige: Denn der wichtigste Rekord ist doch trotz allem die Gesundheit.

Boris Pawlowitsch: Aber die wird doch bei den Kindern nicht besser, und darin liegt die Not: Die Werte sinken!

Lena Alexejewna: Und was hat damit der große Sport zu

tun? Er hebt diese Werte bei einzelnen an, aber man muß sich doch um die übrigen Millionen kümmern. Wohl gibt es Sportvereine für ein paar Auserwählte, aber wir müssen erreichen, daß die Turnhalle und das Stadion für jeden gleich nebenan und *täglich* erreichbar sind – in den Kindergärten, in den Schulen und in den Häusern. Erst dann wird auch die Schulbank ihre Schrecken verlieren.

Boris Pawlowitsch: Nebenan und täglich! Das ist unser Sportzimmer für unsere Kinder ja auch. Aber eben nur für die Kinder. Aber wie könnte man es erweitern und *für alle* zugänglich machen?

Was ist für Sie die Hauptsache an Ihrem System der körperlichen Erziehung?

Boris Pawlowitsch: Um über ein System im vollen Sinne dieses Wortes reden zu können, ist es meiner Meinung nach etwas früh. Aber die grundsätzlichen Prinzipien, von denen wir uns leiten lassen, kann man herauskristallisieren. Es sind drei.

Erstens sind das leichte Kleidung und ein *sportliches* Milieu im Haus: die Turngeräte sind *vom frühesten Alter* an in das tägliche Leben der Kinder eingegangen und gehören für sie ebenso zur Wohnumwelt wie die Möbel und andere häusliche Gegenstände.

Zweitens ist das die *schöpferische Freiheit* in ihren Beschäftigungen. Kein besonders Training, keine besonderen Turnübungen und Unterrichtsstunden. Die Kinder turnen, solange sie wollen, indem sie die sportlichen Beschäftigungen auf natürliche Weise mit allen anderen Tätigkeitsarten verbinden.

Drittens ist das unsere elterliche *Anteilnahme* an allem, was das Kind macht und wie es etwas macht, unsere *Teilnahme* an ihren Spielen, Wettbewerben und an ihrem Leben selbst.

Alle diese Prinzipien wurden natürlich nicht im voraus ausgedacht, sondern in der Praxis des Lebens, im Umgang mit den Kindern ausgearbeitet. Wir haben sie instinktiv angewendet, unbewußt, während wir eigentlich nur ein Ziel verfolgten: die Entwicklung *nicht zu stören*, sondern ihr zu *helfen* und dabei *nicht* entsprechend unseren eigenen Absichten *Druck* auf das Kind *auszuüben*, sondern zu beobachten, gegenüberzustellen und, indem wir uns am Selbstgefühl und an den Wünschen des Kindes orientieren, Bedingungen für seine weitere Entwicklung zu schaffen.

Lena Alexejewna: Ehrlich gesagt, das ist uns nicht immer gelungen: keinen Druck auszuüben, nicht zu stören, sondern zu helfen. Denn in vielem wußten wir ja doch nicht, *wie* man es machen muß. Manchmal regte Vater sich auf: »Los doch, spring, hab keine Angst. Ach, du bist ja ein kleiner Feigling!« Natürlich brach dann das Kind in Tränen aus. Dann fing Vater an, anders zu reden – ohne Vorwurf und ohne Spott: »Wer genug Mut hat, der kann springen, und wer noch nicht genug Mut hat, der braucht noch nicht. Willst du? Aber bist du auch wirklich mutig genug? Nun, bravo! Dann komm, spring!«

Der Unterschied ist gewaltig: Im ersten Fall fühlt das Kind den Druck von außen, und es läßt sich von Angst und Scham leiten. Aber im zweiten Fall ist es Herr seiner selbst und fühlt keine Erniedrigung, sondern Stolz und Freude an der Selbstüberwindung. Natürlich wird die Handlung des Kindes hier von einem Erwachsenen geleitet, aber sie ist nicht mit Gewalt verbunden und zerbricht den Willen des Kindes nicht.

Es war nicht leicht, alle diese psychologischen Feinheiten zu begreifen, und wir haben viele Fehler nicht vermeiden können, aber indem wir zu begreifen lernten, haben auch wir selbst uns geändert und die Fertigkeit erworben, mit den Kindern auf der Grundlage des gegenseitigen Verständnisses, des gegenseitigen Vertrauens und der gegenseitigen Achtung umzugehen.

Wie entstehen Fähigkeiten?

Boris Pawlowitsch: Der geistigen Entwicklung unserer Kinder liegen natürlich die gleichen drei »Säulen« zugrunde: eine für vielseitige Betätigungen reichhaltige Umgebung, eine große Freiheit und Selbständigkeit der Kinder in ihren Beschäftigungen und Spielen und unsere aufrichtige Interessiertheit an allen ihren Angelegenheiten. Ich möchte noch einmal unterstreichen, daß wir uns *nicht das Ziel gesetzt haben, ihnen alles so früh wie möglich beizubringen.* Wir haben uns vielmehr bemüht, *Bedingungen für die Entwicklung ihrer Fähigkeiten zu schaffen* – nach ihren Möglichkeiten und nach ihren Wünschen.

Wir wußten nicht und konnten uns auch nicht die Freiheit nehmen, zu bestimmen, was und wann sich etwas beim Kind entwickelt, und gingen bei all unseren Handlungen eigentlich nur von einer einfachen Beobachtung aus: Mit dem Säugling spricht man *vom Tag der Geburt an*, auch wenn er noch gar nichts versteht. Dann kommt der Augenblick, der für jeden individuell anders ausfällt, in dem das Kleine das erste Wort sagt. Wenn nicht mit ihm gesprochen wird, dann ist es möglich, daß dieses erste Wort nicht im ersten, nicht im zweiten und nicht im dritten Lebensjahr gesagt wird. Und wenn man nun mit allen anderen menschlichen Fähigkeiten auch so verfährt? Wenn man nicht im voraus Zeiträume festlegt, sondern einfach günstige Bedingungen schafft und schaut, wie sich das Kind entwickelt. Auf der Suche nach diesen optimalen Bedingungen haben wir auch jene Prinzipien ausgearbeitet, die ich erwähnte.

Während wir die Kinder beobachteten, stellten wir fest, daß sich bei ihnen diejenigen Seiten des Intellekts entwickelten, für die es bei uns Bedingungen gab, wobei diese *vor* der Entwicklung selbst vorhanden waren. Nehmen wir einmal an, das Kind hat gerade zu sprechen angefangen, aber Bauklötze mit

Buchstaben, ein ausgeschnittenes Alphabet, Buchstaben und Zahlen aus Plastik und aus Draht hatte es schon vorher – unter anderen Sachen und Spielzeugen. Zusammen mit der großen Menge an Begriffen und Wörtern, die in dieser Zeit in das Gehirn des Kindes eindringen, waren vier Dutzend Zeichen, die A, B, C und 2 ... 5 usw. genannt werden, ohne die geringste Anstrengung im Alter von anderthalb bis zwei Jahren zu behalten. Und alles aus dem einfachen Grund, weil wir daraus kein Geheimnis machten, nicht sagten: »Das ist zu früh für dich« und nicht meinten, daß es sich hier um etwa Abstraktes handelt. Wir bezeichneten dem Kind die Buchstaben, wie wir ihm andere Gegenstände bezeichneten: Tisch, Stuhl, Fenster, Lampe usw. Und wir freuten uns, wenn es sie behielt und sie in jedem beliebigen Text wiedererkannte.

So war es auch mit der *Mathematik* (Rechenbrett, Rechenstäbchen, Zahlen, Tabellen mit dem großen und kleinen Einmaleins, Glasperlen auf Draht usw.), mit dem *Konstruieren* (alle möglichen Würfel, Mosaiks, Baukästen, Baumaterialien, Instrumente u. a.) und mit dem *Sport* (Turngeräte in verschiedenen Zusammensetzungen im Haus und im Hof).

Die wichtigste Entdeckung auf diesem Weg für uns war die, daß die Kinder unter diesen Bedingungen sehr vieles *früher lernten*, als medizinische und pädagogische Normen es ihnen vorschreiben. Mit drei Jahren begannen sie zu lesen, mit vier verstanden sie Pläne und Zeichnungen, mit fünf konnten sie einfache Gleichungen lösen, reisten interessiert auf der Weltlandkarte und – auf dem Periodensystem Mendelejews herum.

Lena Alexejewna: Und die Sache war nicht nur die, daß sie einige Schulweisheiten begriffen, die sie sich mit Leichtigkeit vor der Einschulung aneigneten (fließendes Lesen, mündliches Rechnen, Schreiben), sondern auch die, daß sie bei alldem selbständiger, initiativreicher, neugieriger, verantwortungsbewußter wurden – auch nicht altersgemäß. Wir konnten sie mit einem Sechs- oder Siebenjährigen bis zu drei, vier Stunden allein zu Hause lassen, und wir wußten, daß nichts passieren würde. Wir konnten einen Siebenjährigen in aller Ruhe nach Moskau schicken, mit der Elektrischen und mit der U-Bahn, oder einen Elfjährigen in die Stadt Gorkij. Er kaufte sich allein eine Fahrkarte und reiste los, ohne daß ein Schaffner oder ein Erwachsener auf ihn aufgepaßt hätte. Und all das machte aus ihnen keine Greise – solche Schlaumeier und Schlingel gibt es nicht noch einmal! Richtige kleine Karlssons[6] sind sie, die auf dem Dach herumlaufen und sich überhaupt nicht durch vorbildliches Benehmen und Gehorsam auszeichnen. Doch davon wird später noch die Rede sein.

Boris Pawlowitsch: Am Anfang haben wir uns nur darüber gewundert, doch dann haben wir begonnen, uns ernsthaft für das Problem der »frühen« Entwicklung der Kinder zu interessieren. Es stellte sich heraus, daß Wissenschaftler und Praktiker in aller Welt sich seit langem mit dem Studium der potentiellen Möglichkeiten des menschlichen Gehirns beschäftigen. Die Wissenschaftler sind zu der Ansicht gekommen, daß die Reserven des Gehirns kolossal sind, daß sie aber im Laufe eines Menschenlebens nur geringfügig genutzt werden und daß Genialität – das volle Zutagetreten des intellektuellen Potentials ist, über das jeder normale Mensch verfügt.

Wovon hängt nun aber die Realisierung dieses Potentials ab? Wovon ist das Entwicklungsniveau der Fähigkeiten abhängig? Auf diese Frage zu antworten, heißt, eine Methode zu finden, mit der Talente herangezogen werden können, heißt, diese nicht einfach unter gewöhnlichen Menschen zu suchen, sondern *alle zu talentierten Menschen zu erziehen.* Aber das bedeutet, der Schule erfolglose Schüler und Sitzenbleiber zu ersparen, die Kinder vor Überbelastungen zu bewahren und die Eltern vor der eigenen Machtlosigkeit und dem bequemen Vorurteil: »Er ist eben schon so geboren.«

Es wäre einfach unmöglich, wollte man sich nicht an der

Suche nach einer Antwort auf die Frage beteiligen: »*Woher kommen die Talente?*«

Doch sind wir keineswegs der Meinung, daß wir eine Methode gefunden haben, Wunderkinder[7] zu erziehen. Ein Wunderkind ist ein Wunder von einem Kind, die Ausnahme von der Regel, eine noch wenig erforschte Erscheinung. Ich spreche von etwas anderem: wie man jedes, verstehen Sie, jedes normale Kind zu einem begabten und sogar talentierten Menschen erziehen kann. Denn das ist doch eine Forderung der Zeit – der wissenschaftlich-technischen Revolution, der wachsenden Verantwortung der Menschheit für alles, was auf der Welt geschieht, und der Notwendigkeit, jeden Schritt jedes Menschen, der auf unserem Planeten lebt, vorherzusehen und zu überlegen.

Lena Alexejewna: Meiner Ansicht nach hängt diese Verantwortung nicht so sehr von der Talentiertheit als vielmehr von der Rechtschaffenheit ab. Jemand kann doch supertalentiert, aber dabei ein selbstsüchtiger und egoistischer Mensch sein, der nach der Devise lebt: »Nach mir die Sintflut . . .«

Boris Pawlowitsch: Warte, das ist unser alter Streit, wir kehren also wieder zu ihm zurück. Ich wollte nur sagen, daß wir heutzutage nicht nur einen Menschen mit Kenntnissen brauchen, sondern einen Menschen, der seine Sache und seinen Platz im Leben *schöpferisch begreift* – und dafür sind hochentwickelte schöpferische Fähigkeiten erforderlich und die Fertigkeit, diese in die Praxis – bei der Arbeit, an jedem Arbeitsplatz und in jeder Lebenslage – anzuwenden.

Was halten Sie für das Wichtigste und Entscheidendste in der Entwicklung der Fähigkeiten?

Boris Pawlowitsch: Um mich kurz zu fassen, würde ich sagen: den rechtzeitigen Beginn. Hinter diesen beiden Wörtern stehen Jahre des Beobachtens, des Nachdenkens und des Forschens. Das Ergebnis dieser Arbeit war die »Hypothese von der Entstehung und Entwicklung der schöpferischen Fähigkeiten« (in: *Soziologische und ökonomische Probleme der Bildung*, Verlag Nauka, Nowosibirsk 1969, S. 78–124). In ihr tauchte zum ersten Mal das ungewöhnliche Wort *Nuwers* auf, das aus den ersten Buchstaben der Bezeichnung eines Prozesses besteht, der im menschlichen Gehirn vor sich geht: das unumkehrbare Erlöschen der Möglichkeiten einer effektiven Entwicklung der Fähigkeiten[8]. Es ist schwer, in wenigen Worten den Gehalt einer umfangreichen Arbeit darzulegen, aber ihr Kern besteht in folgendem:

Jedes gesunde Kind verfügt bei seiner Geburt über kolossale Möglichkeiten der Entwicklung von Fähigkeiten zu allen Arten menschlicher Tätigkeit. Aber diese Möglichkeiten bleiben nicht unverändert, sondern erlöschen mit den Jahren allmählich, werden schwächer. Je älter der Mensch wird, desto schwerer wird es, seine Fähigkeiten zu entwickeln.

Daher ist es so wichtig, daß die Bedingungen *vor* dem Beginn der Entwicklung da sind. Das gibt den besten Effekt in der Entwicklung, die dann einfach rechtzeitig einsetzen wird und ganz bestimmt nicht »früh«, wie diejenigen meinen, die die Entwicklung unserer Kinder so bezeichnen.

Lena Alexejewna: Ich muß unbedingt hinzufügen, daß wir selbst die Entwicklung unsere Kinder jetzt absolut nicht nur nicht für »früh«, ja nicht einmal für rechtzeitig halten, sondern in vieler Hinsicht für *verspätet*. Denn die Bedingungen, die wir zu schaffen vermochten, sind natürlich noch weit vom möglichen Ideal entfernt . . .

Das ist auch ganz natürlich: Mit häuslichen Kräften und Mitteln kann man ein solches Problem nicht lösen. Sagen wir, wir konnten nicht einmal auch nur befriedigende Bedingungen für Beschäftigungen der Kinder im Bereich der Kunst, der Biologie, der Fremdsprachen und in vielen anderen Bereichen schaffen. Und das sind doch ganz ungeheuer große und – notwendige! – Bereiche des Wissens über das Leben. Es beschämt uns, daß die Entwicklung der Kinder in dieser Beziehung klar hinter ihren Möglichkeiten zurückbleibt. Aber das Versäumte jetzt aufzuholen, ist sehr schwer: Eine Fremdsprache kann keines von ihnen einigermaßen vernünftig sprechen, ungeachtet der Einsen und Zweien in der Schule. Aber – sie könnten eine sprechen, wenn einer von uns eine Fremdsprache beherrschte und mit den Kindern *von ihrer Geburt an* einfach in dieser Sprache gesprochen hätte, wie das Ingenieur W. S. Skripaljow mit seinen Kindern macht, der Erfinder der häuslichen Sportanlage, von der wir oben sprachen. Für Oleg Skripaljow ist das Englische kein Problem – er spricht es genauso gut wie Russisch, ganz frei.

Boris Pawlowitsch: Die Bedingungen für die Entwicklung müssen also vorher da sein und *im voraus* vorbereitet werden. Und dafür brauchen wir – im Haus genauso wie in den Kindereinrichtungen – eine viel *reichhaltigere Umgebung,* als wir sie jetzt in der Regel kennen.

Was verstehen Sie unter einer reichhaltigen Umgebung?

Boris Pawlowitsch: Ganz bestimmt nicht Teppiche, Kristall, polnische Möbel[9] usw. Dieses »Paradies« ist für die Erholung der Erwachsenen bestimmt, aber das Kind hat gar nichts von dieser Art Reichtum: Diese polierte Welt darf es nicht einmal berühren, und anfangen kann es in ihr überhaupt nichts. Hier gibt es nur ein »Betätigungsfeld« – nämlich für die Mutter – Staub wischen. Das Kleine kann dann nichts weiter tun, als seine Augen daran weiden . . .

Zwar nimmt sogar das einfache Betrachten von unbekannten Gegenständen und ihren Abbildungen bei den Kindern bis zum zweiten Lebensjahr bis zu 20 Prozent der Zeit ein, in der sie wach sind, und beides ist ein wichtiger Entwicklungsfaktor. Aber je älter das Kind wird, desto weniger Befriedigung findet es an dem bloßen Betrachten, es streckt die Hand nach jedem Gegenstand aus und beginnt ihn zuerst in den Mund zu stecken, dann ihn abzuklopfen, und dann probiert es jede andere Gebrauchsmöglichkeit aus. Kristall ist dafür natürlich nicht geeignet, aber wenn das Kind früh Bleistifte, Kreide, Papier, Kleber, Scheren, einen kleinen Hammer, Pappe, Farben, Knete und Würfel in die Hände bekommt, d. h. all das, womit es »arbeiten« und handeln, etwas bauen und schaffen kann, dann sind die Bedingungen für seine Entwicklung reichhaltig.

Wir haben früh festgestellt, daß das Kind es vorzieht, nicht mit Spielsachen zu hantieren, die es schnell satt hat, sondern mit Gegenständen des häuslichen Gebrauchs, *die auch die Erwachsenen benutzen:* Küchengeräte, Schreib- und Nähzubehör, Instrumente, Vorrichtungen . . . Und als wir das bemerkt hatten, erlaubten wir den Kindern, in unsere Erwachsenenwelt »einzudringen« und ihre gar nicht spielerischen Eigenschaften und Gefahren zu erforschen. Wir haben schon beschrieben (»Das erste Jahr, der erste Tag«), wie wir die Kinder mit dieser komplizierten Welt der realen Sachen bekanntmachen.

Das gleiche Prinzip der Selbständigkeit halten wir auch weiterhin ein, indem wir nicht von den Kindern verlangen, »nichts ohne Bedarf« zu nehmen, sondern indem wir verlangen, daß »alles wieder an seinen Platz gelegt wird«. Wir begrüßen diese entdeckerischen Aktivitäten, aber wir verbieten, etwas zu zerbrechen, zu zerreißen, etwas »nur so« – »aus Mutwillen« oder aus Langeweile – kaputtzumachen.

Sie erlauben den Kindern, alles anzufassen und ohne Erlaubnis an sich zu nehmen?

Lena Alexejewna: Nein, natürlich nicht, und ich möchte das auch gleich präzisieren. Bei uns gibt es Sachen, und das sind tatsächlich die allermeisten, die die Kinder zu jeder Zeit und nach Gutdünken benutzen dürfen. Es hätte keinen Sinn, sie alle aufzuzählen: Das sind *all* die Sachen, die nicht in die Kategorien: *fremd* und *wertvoll* fallen. Unter »fremd« verstehen wir im wörtlichen Sinne fremde Sachen, und außerdem dürfen *persönliche* Sachen – auf Vaters oder Mutters Schreibtisch, in Djeduschkas Zimmer, in einer anderen Tasche oder Mappe nicht angerührt werden. Diese Sachen dürfen nur mit Erlaubnis genommen werden. Und wertvolle Sachen – auf denen ein bedingungslos strenges Verbot liegt – sind Uhren, das Tonbandgerät, Fotoapparate, die Schreibmaschine usw., feine Mechanismen, die das Kind aus Unwissen kaputtmachen könnte. Wir haben sie nicht vor den Kindern versteckt, sie nicht weiter weggelegt, sondern bei der ersten Gelegenheit zu verstehen gegeben, daß diese Sachen *nicht* angefaßt werden *dürfen.*

Und ich erinnere mich an keinen Fall, daß einer von den teueren Gegenständen aus dem Verschulden eines Kindes heraus unbrauchbar wurde, obwohl sie immer zugänglich und die Kinder oft mit ihnen allein waren. Meiner Ansicht nach ist das deshalb so gekommen, weil es bei uns nur sehr wenige von diesen verbotenen Gegenständen gab und sie den Kindern nicht völlig unbekannt waren. In der Regel betrachteten die Kleinen sie zusammen mit einem Erwachsenen oder den älteren Geschwistern, und sie verloren ihre Anziehungskraft, die sie auch nur besaßen, weil sie unbekannt waren.

Boris Pawlowitsch: Aber die Hauptsache war hierbei, daß wir uns bemühten, den Kindern immer andere interessante Sachen, die ihnen stets zugänglich waren, zu erschließen, angefangen von den Turngeräten und endend mit allen möglichen Instrumenten und Baumaterialien – und all das neben den gewöhnlichen Spielsachen, Puppen u. ä. Wir bemühten uns, beliebigen Absichten der Kinder, etwas zu *tun* oder sich in einem schöpferischen Vorgang zu verwirklichen, immer entgegenzukommen.

Als wir feststellten, daß das Kind gerne mit Kreide malt, fertigten wir aus einem Stück Linoleum eine Tafel an; als wir feststellten, daß das Kind sich für die Landkarte in der Kinderenzyklopädie interessiert, brachten wir eine große Karte unserer Hemisphäre an der Wand an. Auf diee Weise erschienen an unseren Wänden Tafeln mit dem großen und kleinen Einmaleins, Plakate und Würfel mit gedruckten und geschriebenen Buchstaben, Meßvorrichtungen, große Holzklötze, Baukästen, unsere »Aufbauenden Spiele«, die im Umgang mit den Kindern entstanden sind, und natürlich Bücher, jede Menge Bücher – von Märchen- und Kinderbüchern bis zu Enzyklopädien und populärwissenschaftlicher Literatur. Das ist es auch, was wir als *reichhaltige Umgebung* bezeichnen. Sie bietet dem Kind und übrigens auch dem Erwachsenen ein *reiches Betätigungsfeld*.

In unserem Werkstattzimmer kann ein Einjähriger genausogut arbeiten wie ein Erwachsener: schneiden, kleben, modellieren, malen, sägen, Nägel einschlagen, hacken, spalten, bohren und schleifen. Kürzlich waren zwei Brüder eine ganze Woche bei uns zu Besuch – der zweijährige Witja und der sechsjährige Dima. Wie zufrieden waren sie, daß die kleinen Hämmer ganz verschieden groß waren und die Nägel auch und daß sie mit den Nägeln eine Tafel an einen Holzklotz auf der Erde schlagen konnten. Mit welchem Eifer klopften sie die Nägel einen nach dem anderen in die arme Tafel, und sie konnten beinahe Stunden bei dieser so hinreißenden Beschäftigung verbringen. Und wir und ihre Mutter – eine Ärztin – schauten auf die »Meister« und sagten uns: »Wie sehr fehlt es doch den Kindern in einer modernen Wohnung an so einer richtigen Handwerkertätigkeit.«

Ein Professor, der sich an seine Kindheit erinnerte, wunderte sich einmal, mit welcher Lebendigkeit und Genauigkeit er sich das Muster auf den Tapeten im Kinderzimmer und sogar die Form der Risse an der weißen Decke vorstellen kann. Warum also nicht schon Kindern, fragte er sich, zum Behalten »für das ganze Leben« so kondensiertes menschliches Wissen wie die Kenntnis der Landkarte oder des Periodensystems von Mendelejew[10] vermitteln? Diese ersten Eindrücke können bereits früh und ganz beiläufig das Interesse an irgendeinem Wissensgebiet wecken und sogar bestimmte Fähigkeiten des Kindes entwickeln.

Diejenigen, die mit der Biographie der Mathematikerin Sophia Kowalewskaja[11] bekannt sind, sollten ihre Aufmerksamkeit auf folgendes Detail richten: Die Wände ihres Kinderzimmers waren mit Seiten aus einem Mathematikbuch beklebt. Aber kaum jemand glaubt an einen Zusammenhang zwischen diesen Seiten mit Formeln und Zeichnungen und dem ausgeprägten mathematischen Talent des Mädchens Sonja.

In unserer Familie hat Mendelejews Periodensystem, das dem dreijährigen Anton in der »Kinderenzyklopädie« aufgefallen war, genauso »gearbeitet«. Und später begannen dann die Experimente: Rauchentwicklung, Gerüche und kleine Explosionen wurden ausgelöst, der Baukasten »Der junge Chemiker« kam ins Haus, und in der Werkstatt füllte sich bald eine ganze Wand mit chemischem Gerät und Chemikalien. Dann kam das Technikum für Chemie und Mechanik, der Sieg in der Chemie-Olympiade[12] und schließlich die Chemische Fakultät der Lomonossow-Universität in Moskau.

Unsere geliebten Lernmittel

Diese Geschmeidigkeit und Aufnahmebereitschaft des kindlichen Verstandes versuchten wir auch beim Lesen-, Schreiben- und Rechnenlernen sowie beim Kennenlernen der Längenmaße, des Gewichts und der Zeit, bei Zeichnungen und Plänen usw. zu nutzen.

Der *Kasten* mit den 6 cm großen Druckbuchstaben, die wir aus Draht zurechtgebogen haben, erlaubte nicht nur, die Wort-Züge »MAMA«, »ANJA«, »HAUS« zusammenzusetzen, sondern auch, dem »Rangierleiter« die Buchstaben beizubringen. Dieser ahnte nichts davon, »prüfte« aber, sobald er den »Zug« zusammengesetzt hatte, »alle Waggons« unbedingt noch einmal durch, indem er alle Buchstaben der Reihe nach mit dem Fingerchen umfuhr.

Der Großvater konnte auf dem kleinen Thermometer hinterm Fenster schlecht erkennen, wieviel Grad Frost draußen sind. Da helfen ihm die Kinder, Wanja und Ljuba – sie stellen genau diese Temperatur auf dem *Lernthermometer* ein. Dieses ist einen Meter lang, hat grobe Teilstriche und einen beweglichen rot-weißen Pfeil, mit dem jede Temperatur eingestellt werden kann, die auf unserer guten Erde herrscht.

Man kann auch eine *Uhr* mit großem Zifferblatt von der Wand nehmen, auf der sich der Uhrzeiger 12mal langsamer in der Minute vorwärts bewegt als auf einer normalen Uhr. Aber sie kann jede beliebige Zeit anzeigen, das Kind muß den Uhrzeiger nur eine halbe Stunde zurückstellen. Durch dieses Spiel lernen die Kinder einige Jahre früher als ihre Altersgenossen die Uhr und die Zeit kennen.

Wir haben auch ein »Spiel«, mit dessen Hilfe sich das Knotenschlingen erlernen läßt. In der oberen Hälfte eines Rahmens aus Duralecken und -röhrchen sind Beispiele geschlungen: 14 verschiedene Knoten, von den allereinfachsten bis zu

sehr komplizierten vom Typ »Verkürzungsknoten« der Berg-
steiger. An den 14 »Enden« aus Kapronschnur in der unteren
Rahmenhälfte können die Kinder diese Knoten nachschlin-
gen, was selbst Erwachsenen nicht immer gelingt.

Um die Kinder mit Landkarten und Plänen bekanntzuma-
chen, benutzen wir einen Globus, den Grundriß unseres Hauses, eine physikalische Weltkarte und einen Schulatlas, in dem
ein Gelände als Plan und als Abbildung dargestellt ist. Schon
die fünf- bis sechsjährigen Kinder machen sich ein Vergnügen
daraus, auf dem Plan eine Straße, einen Wald oder ein Dorf
zu finden, die auf der Abbildung eingezeichnet sind, und umgekehrt. Und wenn sie dann lesen gelernt haben, stellen sie
sich gegenseitig Aufgaben zur Weltkarte und lernen nicht nur
die Kontinente, Ozeane und Meere, sondern auch viele Staa-
ten, Hauptstädte, Flüsse und Gebirge kennen, und gerne machen sie dann Reisen zu Wasser und zu Lande.

Sogar die auf den ersten Blick einfache *Tafel mit den Zahlen
bis 100* gibt den Kindern viel Nahrung zum Nachdenken und
die Möglichkeit, einander eine Menge Aufgaben zu stellen.
Am Anfang zeigen sie nur mit dem Fingerchen auf die Zahlen
und benennen sie der Reihe nach: Wer kann noch weiter? Und
sehr schnell zeigt sich, daß nach »neunundzwanzig« nicht
»zehnundzwanzig« kommt, sondern »dreißig«, das heißt, sie
eignen sich die Zahlenabfolge an, und dann beginnen sie auch
schon, verschiedene Gegenstände zusammenzuzählen. Sobald sie alle Zahlen kennen, stellen wir kleine Aufgaben: Wer
findet am schnellsten die Zahl 27? 49? 93? Dann lernen sie
nach der gleichen Tafel addieren, indem sie zum Beispiel die
Summe der Zahlen finden, die in der Vertikalen, Horizonta-
len oder Diagonalen angeordnet sind. Dabei erfinden sie verschiedene Additionsarten und gewöhnen sich schnell an die
mathematische Terminologie.

Mit den Anfängen der Geometrie werden die Kinder durch
verschiedene geometrische Figuren bekannt, die wir aus Bunt-

papier ausgeschnitten und an die Wand geklebt haben. Hier sind auch die Grundlinien der Figuren und ihre Bezeichnungen, ihre Höhe, ihre Mittellinie, ihr Durchmesser und ihr Radius angegeben. Und die Kinder unterscheiden sehr früh einen Winkel von einem Dreieck, ein Quadrat von einem Rhombus, einen Kreis von einer Kreislinie usw. Und in den Bausätzen befinden sich noch Kugeln, Zylinder, Kegel und Pyramiden, und wir nennen alle diese *geometrischen Körper* bei ihrem »mathematischen Namen«.

In unserer Werkstatt dienen praktisch auch die *Meßgeräte* als Lernhilfsmittel: Waagen, Kraftmesser, Stoppuhren, Stangenzirkel u. a.; dazu kommen verschiedene *Materialien:* Furnierholz, Blech und alle möglichen Kunststoffe; außerdem noch verschiedene *Instrumente* zur Holz- und Metallverarbeitung, darunter auch elektrische Geräte, die Geschick und Vorsicht im Umgang erfordern.

Einen besonderen Platz unter den Lernmitteln nehmen unsere »Aufbauenden Spiele«* ein, die wir *Stufen des Schöpferischen* genannt haben. Das sind ungewöhnliche Spiele. Sie entstanden im Umgang mit den Kindern und unter ihrer unmittelbaren Beteiligung. Man kann mit ihnen spielen, wenn man gerade erst zwei Jahre alt ist und eben anfängt, Formen und Farben zu unterscheiden, man kann aber auch als Jugendlicher und sogar als Erwachsener mit ihnen spielen.

Was sind die Aufbauenden Spiele?

Bei all ihrer Vielfalt sind sie doch nicht zufällig unter einer gemeinsamen Bezeichnung vereint: Sie alle gehen von einer gemeinsamen Idee aus und haben die gleichen charakteristischen Merkmale. Am besten kann man das an einem Beispiel demonstrieren. Nehmen wir das Spiel »Lege ein Muster«. Seine sechzehn Würfel sind auf eine ungewöhnliche Art bemalt –

---

* Siehe dazu Nikitin, *Aufbauende Spiele,* Köln 1980.

alle sechs Seiten haben eine andere Farbe. Dazu gehören fast hundert Zeichnungen mit Mustern, die am Anfang sehr einfach sind und schon von Kindern im Alter von anderthalb bis zwei Jahren gelegt werden können, und am Ende so kompliziert, daß nicht einmal jeder Erwachsene sie legen kann. Und jede dieser Komplizierungen muß das Kind verstehen und selbständig bewältigen – als wenn es für sich selbst eine kleine Entdeckung macht.

Die ersten Muster können einfach sein, das heißt, unter seinen Möglichkeiten liegen, aber das Kind bewegt sich wie auf einer Leiter von Muster zu Muster vorwärts, und allmählich gelangt es auch zu solchen Mustern, die es zwingen, sich mit aller Kraft anzustrengen und all seine Verstandes- und Willenskraft »auf volle Touren« zu schalten. Dieser Prozeß macht dem Kind sehr viel Freude – es sieht seine Erfolge, empfindet eine große Befriedigung, weil es etwas Schwieriges geschafft hat, und möchte noch weitermachen.

Aber dann bleibt das Kind plötzlich bei einem Muster stehen – es kann es nicht legen; es ist zum Beispiel bei dem Muster angelangt, zu dem es zweifarbige Flächen braucht (»Häuschen«, »Ampel«). Es dreht und dreht die Würfel, aber nein, ein »Häuschen« will und will nicht dabei herauskommen! Das bedeutet, daß es die Grenzen seiner derzeitigen Möglichkeiten erreicht hat. Das ist für das Kind wie auch für den Erwachsenen ein kritischer Punkt: Denn vorgesagt werden darf weder mit einem Wort noch mit einer Geste. Man darf das betrübte Kind nur trösten, aber zugleich muß man ihm auch Hoffnung machen: »Du versuchst es noch einmal, und dann noch einmal, und dann wird es bestimmt klappen!« Und wenn dann tags darauf oder ein paar Tage später oder vielleicht auch erst nach Wochen endlich auch die folgende Stufe überwunden ist, wird das Kind das als große Leistung empfinden und den Wunsch verspüren, weiter und weiter voranzukommen. Und es handelt sich wirklich um eine Leistung

– das Kind hat diese Aufgabe selbständig gelöst, die ihm noch gestern nicht gelingen wollte und über seine Kräfte ging.

Und dabei hat ihm niemand vorgesagt und niemand etwas gezeigt. Es ist selbst darauf gekommen, daß das Dach des Häuschens aus zwei Würfeln entstehen muß, die auf eine besondere Art zusammengelegt werden. Und plötzlich zeigt sich, daß auch ein rechter Winkel so entsteht. Das ist eine ganze Entdeckung! Und diese wiederum hat einen Fortschritt im räumlichen Vorstellungsvermögen und in der Fähigkeit zu kombinieren zur Folge. Ein Schritt, wenn auch nur ein ganz kleiner, in der Entwicklung der schöpferischen Fähigkeiten ist geschafft!

Ein ähnliches Bild kann man auch beim Spielen mit »Uniwürfel«, mit den »Bausteinen« und mit »Achtung« beobachten: die gleichen abgestuften Aufgaben, die gleiche maximale Anspannung des Verstandes, die gleiche Freude bei einer sich vollendenden Entdeckung und als Ergebnis die Entwicklung bestimmter Seiten der schöpferischen Fähigkeiten des Kindes. Grundlage der Aufbauenden Spiele sind zwei Lernprinzipien: »vom Einfachen zum Schwierigen« und »selbständig je nach den Fähigkeiten«. Diese Verbindung erlaubt, im Spiel gleich einige Probleme auf einmal zu lösen, die mit der Entwicklung der schöpferischen Fähigkeiten eng verknüpft sind.

Erstens können die Aufbauenden Spiele dem Verstand vom frühesten Alter an Nahrung liefern.

Zweitens schaffen ihre abgestuften Aufgaben immer Bedingungen, die der Entwicklung der Fähigkeiten zuvorkommen.

Drittens entwickelt sich das Kind optimal, weil es jedesmal selbständig bis an seine Grenze vorstößt.

Viertens sind die Aufbauenden Spiele von ihrem Inhalt her sehr vielfältig, dulden aber – wie andere Spiele auch – keinen Zwang, sondern schaffen die richtige Atmosphäre für freies und freudiges schöpferisches Tun.

Fünftens erwerben Väter und Mütter, die diese Spiele mit ihren Kindern spielen, unmerklich eine sehr wichtige Fertigkeit – sich zurückzuhalten, das Kind nicht daran zu hindern, selbst nachzudenken und eine Entscheidung zu treffen, und nicht für das Kind das zu tun, was es selbst schaffen kann und muß.

Schon der erste Versuch, die Aufbauenden Spiele in kleiner Dosierung (zwei-, dreimal pro Woche eine halbe Stunde) in die Arbeit mit der Vorschulgruppe im Kindergarten einzuführen, hat gezeigt, daß das Tempo der geistigen Entwicklung der Kinder sich beinahe verdoppeln kann.

Natürlich sind diese Spiele keineswegs ein Talentelixier, mit dem man die gewünschten Resultate erzielt, wenn man sozusagen »einmal täglich einen Eßlöffel« davon nimmt. Die Aufbauenden Spiele können »diese dreckigen Eisenstücke« und die Werkbank mit Handwerkzeug nicht ersetzen und von der Notwendigkeit eines schöpferischen Herangehens an beliebige Situationen des Alltags nicht befreien. Sie sind nur eines der Mittel zur Entwicklung der Fähigkeiten, und dieses Mittel wird um so nachhaltiger und nützlicher wirken, je geringer die Widersprüche zwischen den Prinzipien, die diesen Spielen zugrunde liegen, und den Prinzipien, auf denen das ganze System des Umgangs mit den Kindern in der Familie aufgebaut ist, sind.

Zusammen mit den Kindern

Lena Alexejewna: Ja, das Kind braucht in der Wohnung nicht nur ein Eckchen mit Spielzeug, sondern auch mit Turngeräten, mit Arbeitsgeräten und mit Baumaterialien. Und noch eines ist wichtig: In diesem Eckchen darf nicht nur Platz für ein Kind sein, sondern für zwei oder drei: für den Bruder, die Schwester, den Spielkameraden und für Vater und Mutter –

unbedingt auch für sie, sonst kann folgendes passieren: Man hat etwas gekauft, besorgt, man hat auch etwas angefertigt, man war lustig, man hat etwas aufgebaut, ... und doch war alles umsonst: das Kind langweilt sich.

Was ist also noch erforderlich, damit das Kind sich an eine Sache macht, sich mit Hingabe mit ihr beschäftigt und auch Resultate zeigt?

Das ist eine sehr wichtige Frage, auf die wir eine Zeitlang keine richtige Antwort geben konnten. Wir sagten in der Regel so: »Das Wichtigste ist, daß wir die Bedingungen für vielseitige Beschäftigungen schaffen und dann das Kind machen lassen, ihm dabei aber maximale Freiheit in der Tätigkeit gewähren.« Dieser Irrtum hat sich bei uns ziemlich lange gehalten. Wir begriffen und bedachten einfach nicht den eigenen großen Anteil, den wir an den verschiedensten Handlungen der Kinder haben.

Boris Pawlowitsch: Und nachdenklich gemacht hat uns schließlich folgender Umstand: Wir hatten einen Flügel, und ich hatte verschiedene Musikinstrumente dazu gekauft: eine Gitarre, eine Balalaika, eine Melodika und ein Xylophon. Wir bekamen ein dreiseitiges Harmonium und eine Mundharmonika geschenkt. Noten, Lehrbücher, Lehrbücher zum Selbstunterricht und sogar ein Wandplakat – ein Schema der Klaviatur – kamen ins Haus. Aber all das lag wie »toter Ballast« herum und rief bei den Kindern fast kein Interesse hervor. Warum? fragten wir uns traurig und wußten nicht, was wir machen sollten. Wir selbst konnten nicht spielen. So vergingen ein, zwei, drei Jahre. Dann ging unser ältester Sohn auf die Pädagogische Hochschule, auf deren Lehrplan natürlich auch das Fach Musik stand. Und da fing unser altes Klavier an zu klingen. Wir freuten uns über Aljoschas bescheidene Erfolge ... und dann begannen unerwartet auch die anderen Kinder, sich für Musik zu begeistern. Diese früher so unverständlichen Striche und Punkte auf den fünf Linien fingen plötzlich an, in verschiedenen Stimmen zu klingen und in bekannte Melodien zusammenzufließen. Das war ein Wunder, das jedem zugänglich war. Nach zwei oder drei Monaten beherrschten die vier Älteren die Noten. Zwar blieb ihr musikalisches Gehör unterentwickelt, es war wahrscheinlich zu spät, aber die Jüngeren machten rasante Fortschritte, sie begannen sogar, einfache Melodien zu komponieren. Und so begannen wir nachzudenken: Die Umgebung, so zeigt sich, ist also noch nicht alles.

Lena Alexejewna: Wir dachten zurück. Unsere Werkstatt war ja am Anfang winzig klein, drei Quadratmeter, aber dort arbeiteten die Kinder immer zusammen mit dem Vater oder mit einem älteren Freund. Immer war es so bei uns: Wenn Mutter näht, dann richtet sich noch eine »Näherin« neben ihr ein, wenn Vater schreibt, dann arbeitet neben ihm am gleichen Tisch, mit dem gleichen Papier und mit dem gleichen ernsten Ausdruck im Gesicht noch ein »Schriftsteller« oder »Künstler«. Denn die gemeinsame Arbeit oder einfach das Arbeiten Seite an Seite – das bedeutet unbedingt Interesse am Prozeß der Arbeit und an ihren Ergebnissen, sie ist Anlaß für ein Gespräch, für den Austauch von Meinungen und kritischen Anmerkungen, für gemeinsame Freude, wenn einer etwas Gutes geleistet hat, kurz gesagt, das bedeutet Kommunikation in ihrer besten Variante: in der gemeinsamen Tätigkeit. Dabei haben wir gar nicht einmal so viel Zeit aufgewendet: Denn irgendwelche speziellen »Unterrichtsstunden« haben wir nicht durchgeführt.

Boris Pawlowitsch: Und wir haben uns noch an etwas sehr Wichtiges erinnert. Von Anfang an war es ja so gewesen: Wir haben uns Mühe gegeben, *nichts für das Kind zu machen,* was es selbst machen kann, nicht *für* das Kind zu denken und zu entscheiden, wenn es selbst nachdenken und sich entscheiden kann. Im Gegenteil, wir haben den Kindern immer wieder kleine Aufgaben zum Überlegen gegeben, die sie bis heute gerne haben, darunter verschiedene praktische Aufgaben:

Wie führt man die »unaufmerksame Mama« über die Chaussee, was muß man tun, damit man sich im Tierpark nicht verirrt, oder was tut man, wenn man sich verirrt hat, wie findet man seinen Platz im Theater, wie bezahlt man an der Kasse und prüft das Restgeld nach usw. Im voraus haben wir solche Situationen natürlich nicht geplant, aber wir haben uns auch keine Gelegenheit entgehen lassen, um sie auszunutzen, damit das Kind *selbst* überlegen, entscheiden, handeln und sich verwirklichen konnte und lernte, Furcht und Unentschlossenheit zu überwinden.

Überhaupt haben wir uns bemüht, in allen Beschäftigungen der Kinder das Schöpferische zu fördern, ihnen nicht unsere Meinungen aufzudrängen und schon gar nicht unsere Entscheidungen, und wir beeilen uns nicht unbedingt, einen Fehler zu vermeiden oder auf einen hinzuweisen. Die Kinder wenden sich daher selten mit Bitten dieser Art an uns: »Mama, hilf; Papa, zeig!« Im Gegenteil, sie protestieren eher: »Schau nicht her, ich bin noch nicht fertig« und versuchen, sich allein durch alles durchzugraben, um uns schließlich nur das Ergebnis zu zeigen. Im Falle eines Mißerfolges versuchen wir, ihnen keinen Vorwurf zu machen oder sie zu beschämen, und wenn etwas gut geworden ist, dann geizen wir nicht mit Lob.

Lena Alexejewna: Eigentlich müssen wir zugeben, daß wir damit am Anfang viel zuwenig gegeizt haben. Das war eine richtige Sünde – wir haben viel zu stark gelobt, und es ist nicht wenig Zeit vergangen, ehe wir verstanden, daß das den Kindern sehr schadet.

Wodurch? Nun, zunächst einmal werden damit die Keime der Eitelkeit gelegt, wenn nämlich ein eigentlich unverdientes Lob nicht quält, nicht belastet, sondern erfreut und Befriedigung hervorruft. Und zum zweiten erzieht das zu Nachlässigkeit, zu geringer Arbeitsqualität, zu diesem »Komm ich heut nicht, komm ich morgen« und zu dem Unvermögen, sich bis zum Ende in eine Sache hineinzuknien: Warum soll man sich auch in etwas hineinknien? – man wird ja auch so gelobt!

Ich erinnere mich, daß ich mich lange nicht entschließen konnte, meine Unzufriedenheit zum Ausdruck zu bringen, wenn ich Geschenke erhielt, die nur eben geradeso angefertigt worden waren und die die Kinder uns oder einander an verschiedenen Feiertagen machten. Sie hatten sich erst am Abend vorher an die Geschenke erinnert, hastig etwas angefertigt oder in aller Eile etwas gemalt und fertig – sie kamen also damit an. Ich nehme sie in die Hand, mir ist aber schwer ums Herz: Es ist schlecht gemacht, es verrät wenig Mühe und Anstrengung, aber ich schaue in die glänzenden Augen, und ich habe nicht genug Mut, zu schimpfen oder Vorwürfe zu machen. Ich sage: »Danke« und spreche noch ein Lob aus: »Braves Kerlchen, es gefällt mir sehr . . .« Wie ich jetzt noch deshalb böse auf mich selbst bin! Warum habe ich mich damals nicht an die weise Zurückhaltung meines Vaters erinnert, der nie Begeisterung zum Ausdruck brachte, wenn mein Bruder und ich ihm eine kleine Arbeit angefertigt hatten, sondern immer nur sagte: »Gut habt ihr das gemacht, aber wißt ihr, das hättet ihr auch noch besser hinkriegen können.«

Ich erinnere mich ganz deutlich. Wir knieten uns in eine Sache hinein, bis wir den letzten, uns möglichen Grad der Vollkommenheit erreicht hatten, um sein so seltenes Lob zu verdienen. Und wir lernten auf diese Weise, an unserer Arbeit auch die *Qualität zu schätzen,* die einigen unserer Kinder so unwichtig erscheint.

Am Anfang haben wir dem, worüber wir gerade sprachen, keine große Bedeutung zugemessen. Offenbar hat sich alles wie von ganz allein so ergeben, weil es für uns einfach *interessant* war, mit den Kindern zusammenzusein, und wir uns niemals gleichgültig demgegenüber verhielten, was sie und wie sie etwas taten und was dabei herauskam. Das war keine Kontrolle, keine Beaufsichtigung, keine Bevormundung, das waren keine Unterrichtsstunden mit anschließender Prüfung, sondern ein ganz und gar aufrichtiges Interesse am Leben der Kinder und an ihren vielseitigen und sprudelnden Aktivitäten.

Und welche Garantie haben Sie, daß das Kind nicht überbelastet wird?

Boris Pawlowitsch: Wie kann man denn von Überbelastung sprechen, wenn das Kind sich nach seinem Wunsch mit etwas beschäftigt, was es interessant findet, und das auch so lange tut, wie es möchte.

Es ist doch bekannt, daß die beste Erholung ein Wechsel in der Beschäftigung ist, und das ist für unsere Kinder kein Problem. Es gibt sehr viele Möglichkeiten für einen solchen Wechsel. Mehr noch: Möglich sind auch *Kombinationen* der jeweiligen Beschäftigungen. Die Tafel mit der Kreide stand bei uns immer neben den Turngeräten, und wir konnten zum Beispiel folgendes Bild beobachten: Eines von den kleineren Kindern schreibt Aufgaben auf die Tafel, und ein anderes löst sie, indem es mit dem Kopf vom Reck herabhängt oder auf dem Seil schaukelt. Diese Ungezwungenheit, Entspanntheit ist fast die gleiche wie im Spiel.

Faktisch war das ja auch ein Spiel, in dem allerdings die Hauptsache war: Freiheit zum Schöpferischen, Freiheit zur Verwirklichung seiner Möglichkeiten, Erprobung seiner Kräfte. Dabei entsteht auch ein natürlicher Wettbewerb: Jeder möchte sich so gut wie möglich verwirklichen, der eine trifft eine genauere Entscheidung, der andere denkt besser nach, der dritte ist einfallsreicher und der vierte liest ausdrucksvoller vor usw. Unter diesen von Freude und emotionalem Antrieb gesättigten Bedingungen wurde eine große Intensität der geistigen Arbeit stimuliert, die unter den Bedingungen erzwungener Beschäftigungen nicht zu erreichen ist.

Lena Alexejewna: Hier gibt es natürlich Gefahren, die wir auch nicht sofort bemerkt haben: Der Wettbewerb darf nicht in Rivalität übergehen, wenn nämlich der Wunsch, koste es, was es wolle, erster zu werden, Neid, Bosheit und Haß gegenüber den Konkurrenten hervorruft. Das hat mit Freude und emotionalem Antrieb nichts zu tun. Am Anfang faßten wir die Tränen der Kinder als natürliche Reaktion auf den Mißerfolg, als Ausdruck der sogenannten »Sportlerbosheit« auf. Aber die Sache war komplizierter. Als ich einmal sah, wie ein »Besiegter« bereit war, sich in einen Streit mit dem »Sieger« zu werfen, was für schreckliche Augen beide hatten, da war ich sehr erschrocken: Diese Art Bosheit hatte mit Sport nichts zu tun. Zum Glück kam uns dieses Verständnis nicht zu spät, und wir begannen, die Lage mit allen Kräften zu bessern: Wir begannen den Kindern beizubringen, daß man sich über den *Erfolg des anderen* genauso *freuen* muß wie über den eigenen.

Was die Überbelastung angeht, so ist sie meiner Ansicht nach nur dann möglich, wenn die Eltern *nach ihrem Gutdünken* bestimmen, womit, wie lange und wie ihr Kind sich beschäftigen soll. Viele, die von den Schwierigkeiten des heutigen Lehrplans in der Schule und der unerläßlichen Vielfalt der Entwicklung gehört haben, streben danach, »nichts zu versäumen«, und scheuen keine Mittel, um das Kind zu einem »Wunderkind« zu machen: eine Musiklehrerin, ein Französischlehrer, mit Babuschka zum Eiskunstlauf, mit Djeduschka in die Badeanstalt, Lesenlernen mit Mama zwischen dem sechsten und siebten Lebensjahr und mit Papa zwischen acht und neun Jahren Arithmetik –, und schon hat es die Mathematik intus. Das Kind ist nicht Herr seiner selbst, andere entscheiden *für* es, und das nicht selten gegen seinen Wunsch, ohne Berücksichtigung seiner Interessen und Kräfte, an seinem eigenen Willen vorbei.

Wie kann man unter solchen Bedingungen die optimale zeitliche und quantitative Dosierung für seine Beschäftigungen finden? Es ist nicht sehr schwer, das zu übertreiben.

Und das Ergebnis? Das Kind fängt langsam an, alles zu hassen, womit es sich beschäftigen soll, und tobt sich auf der Straße in freier Natur aus, wo niemand seine Beziehungen und Angelegenheiten kontrolliert.

Indem wir unseren Kindern maximale Freiheit ließen, vermieden wir, so scheint mir, drei Übel: Nicht nur eine Überbelastung, sondern auch eine mögliche Abneigung der Kinder gegen notwendige und nützliche Handlungen und den Drang zu den Versuchungen der Straße, die doch viel primitiver und langweiliger sind als ihr mit verschiedensten Aktivitäten angereichertes häusliches Leben.

Und was ist mit Konzentration, Sitzfleisch und Disziplin?

Lena Alexejewna: Wir haben immer gesagt: Der Wunsch des Kindes, sein Interesse, die freie Wahl der Tätigkeit – *das* ist es, was für seine erfolgreiche Entwicklung notwendig ist. Wie hält ein Kind nach einem so freien Leben die Schuldisziplin und die vielen Verpflichtungen aus, die ein Schüler hat?

Es stimmt, der Widerspruch liegt hier beinahe auf der Hand. Bei uns geht das Kennenlernen der Umwelt ohne jegliches System vor sich: Tu, was du willst, wann du willst, wieviel und wie du willst. Die Schule aber bedeutet systematische Aneignung von Wissen: Lehrplan, Unterricht, Lehrer, Lehrbuch. Man soll, man muß, man ist verpflichtet. Alle »Ich möchte – ich möchte nicht« sind nur noch in der unterrichtsfreien Zeit möglich, und davon bleibt nur wenig übrig . . .

Viele schreckliche Prognosen mußten wir uns anhören, lange bevor unser Ältester in die Schule kam: »Sie werden undiszipliniert, unaufmerksam, unruhig sein und Fehler machen . . . Sie werden es in der Schule schwer haben.« Dem etwas entgegenzuhalten, war nicht leicht: Denn wir hatten das ja noch alles vor uns. Aber jetzt, da die Älteren die Schule schon beendet haben und die Jüngeren sie noch besuchen, kann man doch schon einige Ergebnisse anführen.

Das wichtigste Ergebnis: die Prognosen haben sich nicht bewahrheitet. Allen Kindern fiel das Lernen überhaupt nicht schwer. Auf die Grundschule verwandten sie ein oder zwei Jahre und kamen mit zehn, mit neun und sogar mit acht Jahren in die 5. Klasse. Und auch in den höheren Klassen kamen sie ohne besondere Anstrengungen und ohne eine Spur von Überbelastung mit dem Lehrplan zurecht: Auf die Hausarbeiten und -aufgaben verwandten sie nicht mehr als anderthalb bis zwei Stunden am Tag, und das betraf im wesentlichen auch nur die schriftlichen Aufgaben. Die Disziplinanforderungen waren auch keine Belastung für sie.

Wie haben sie all das geschafft? In den unteren Klassen konnten sich die vor der Schule erworbenen Kenntnisse und Fertigkeiten (das fließende Lesen, das mündliche Rechnen und das Schreiben) noch auswirken, und sie wirkten sich auch tatsächlich aus. Aber in den oberen Klassen? Hier half ihnen nicht, was sie sich früher schon einmal angeeignet hatten, sondern die Fertigkeit, sich zu konzentrieren, aufmerksam zuzuhören, zu verstehen und sich bewußt den Stoff schon während des Unterrichts, schon während der Lehrer ihn erklärte, zu merken. Die Disziplinanforderungen der Schule erwiesen sich für unsere Kinder auch nicht als allzu belastend. Zwar haben sie sich nicht durch besonderes Sitzfleisch ausgezeichnet, und das war besonders bei den älteren Söhnen der Fall, aber Sorgen hat ihr Benehmen den Lehrern nicht bereitet. Dafür haben die Akkuratesse und die Gewissenhaftigkeit der älteren Mädchen immer das höchste Lob der Lehrer geerntet.

Und noch etwas ist wichtig – alle unsere Schüler brauchten nicht kontrolliert und nicht angetrieben zu werden: Sie kamen mit ihren Aufgaben immer zurecht und im wesentlichen vollkommen selbständig.

Das heißt also, daß der Widerspruch gar nicht so schrecklich war? Doch, und ich glaube, daß er sogar verderblich hätte sein können, wenn es nicht einen sehr wesentlichen Aspekt unseres Lebens gegeben hätte, der uns half, dem zu entgehen: Das sind die Schwierigkeiten unseres Alltags. Ein Paradox?

Nein, denn nur ihnen haben unsere Kinder zu verdanken, daß sie von frühestem Alter an auch *ernste Arbeitsverpflichtungen* kennenlernten.

»Ich möchte« und »du mußt«

Ich erinnere mich sehr gut, wie wir uns über zwei direkt entgegengesetzte Meinungen unserer Angehörigen zu wundern hatten. Allerdings beobachteten sie unsere Kinder mehr von der Seite, weil sie nicht ständig bei uns lebten. Der Großvater kam uns von Zeit zu Zeit besuchen, und jedesmal verurteilte er uns in der einen oder anderen Form: »Ihr laßt euren Kindern zuviel durchgehen, sie dürfen einfach alles, und Pflichten kennen sie überhaupt nicht. Sie wachsen zu Faulpelzen heran, und nach einigen Jahren werden sie euch auf der Tasche liegen.« Die Babuschka lebte in einem anderen Haus, an dem die Kinder aber vorbeikamen, wenn sie Wasser, Kohle oder Holz holen mußten: »Wozu bürdet ihr ihnen so viel Arbeit auf, die Armen haben ja überhaupt keine Zeit, sich zu erholen.«

Jetzt verstehe ich, daß beide »Richter« im wesentlichen nur eine Seite im Leben der Kinder sahen: Dem Großvater, der an bedingungslose Unterordnung und an strenge Ordnung gewöhnt war, gefiel das allzu freie Leben der Kinder nicht, denen *viel zu viele Rechte* zugestanden wurden. Der gutmütigen, weichherzigen Babuschka dagegen, die ihr ganzes Leben daran gewöhnt war, jemanden zu bedienen, schien es ungerecht, den Kindern *viel zu viele Pflichten* aufzubürden.

Aber tatsächlich war es so, daß das kindliche freie Leben sich sehr gut mit obligatorischen Dingen vertrug, die ohne jegliches »Ich möchte – ich möchte nicht« erledigt werden *müssen*. Und von diesen Dingen gab es viele im Haus, weil wir damals weder Gas noch fließendes Wasser noch Zentralheizung hatten. Aber wir beide arbeiteten, und wir hatten niemand, der uns ständig hätte helfen können. Niemand, außer den Kindern.

Ich will nicht sagen, daß die Hilfe der Kinder von Anfang an unbedingt notwendig war. Welche Hilfe kann auch von einem Einjährigen schon kommen – gewöhnlich nur ein Durcheinander: meistens bringen seine Anstrengungen ja doch nur zusätzliche Scherereien. Aber *dennoch möchte* das Kind *in dieser Zeit* schon helfen und versucht, all das zu tun, was Vater oder Mutter auch tun. Wie gut, daß wir das verstanden haben, seine Hilfe annahmen und sie nicht ablehnten. Dabei erinnere ich mich: Das war kein pädagogischer Handgriff zwecks »Eingliederung in die Arbeit«. Es war einfach interessant zu wissen: wie kommt er zurecht, was kann er, wird er mit seiner Arbeit zufrieden sein? Und es stellte sich heraus: Zusammen zu arbeiten ist interessant und lustig.

Freilich hat dieser glückliche Anfang spätere Schwierigkeiten an der »Arbeitsfront« nicht ausgeschlossen – vielleicht, weil wir selbst nicht in allem einer Meinung waren.

Boris Pawlowitsch: Ohne Zweifel. Ich war von Anfang an der Meinung, daß man den Kindern sehr viel mehr häusliche Angelegenheiten anvertrauen kann und muß, als Mutter zuließ, die es vorzog, vieles selbst zu machen, und den Kindern nicht einmal einfache Dinge auftrug.

Lena Alexejewna: Das stimmt. Aber ich wollte damit erreichen, daß nicht *ich* den Kindern diese Dinge auftrug, sondern daß die Kinder *selbst* uns aufgrund eigener Initiative diese Dinge *abnahmen*. Aber das klappte nicht von allein. Wir hatten nicht gleich begriffen, daß man lieber nicht sagt: »Olja, nimm das Handtuch und hilf *mir*« oder »Aljoscha, schneide *mir* einen Span zum Feueranmachen«, sondern daß Vater sagt: »Kommt, Kinder, helfen wir Mama beim Abwaschen!« oder daß Mutter sagt: »Aljoscha, willst du Papa nicht ein Spänchen zum Feueranmachen zurechtschneiden, dann wird er sich freuen!« So entsteht Fürsorge nicht für einen selbst, sondern für den anderen!

Wir *erteilten* den Kindern also einen Auftrag oder *stellten* ihnen eine Aufgabe und *verlangten,* sie bis zum Ende auszuführen, und in der Regel wußten die Kinder, warum und zu welchem Zweck sie etwas Bestimmtes tun mußten, aber sie schenkten der Tatsache keine Aufmerksamkeit, daß dieses auch getan werden mußte, weil jemand anders Hilfe, Beachtung, Fürsorge brauchte. Die Arbeit wurde dann nicht als Teil einer alle angehenden Angelegenheit auf sich genommen, sondern als eine von außen aufgezwungene langweilige Schuldigkeit, vor der man sich am liebsten gedrückt hätte.

Und dann bekamen wir zu hören: »Warum denn immer ich, und warum nicht Anton?«, »Aljoscha hat sein Beet schon fertig umgegraben, aber er hilft mir nicht ...« Da mußten wir uns wirklich den Kopf zerbrechen: Wie können wir den Kindern den Wunsch, anderen zu helfen, den die Einjährigen ja von allein hatten, zurückgeben?

Boris Pawlowitsch: Einen Ausweg fanden wir darin, daß wir zusammen mit den Kindern begannen, nicht nur etwas Nützliches für die eigene Familie und das Haus zu tun, sondern auch für andere Menschen, für unsere Bekannten, aber auch für Unbekannte. Mit der ganzen »Familienbrigade«, mit den Schülern und den Vorschulkindern, räumten wir bei der Babuschka Holz und Kohle ein, säuberten den Fußweg an der Straße – für alle Nachbarskinder gleich mit, nahmen an der Generalüberholung des Schulgebäudes teil, halfen mit, unseren Freunden ein Haus zu bauen, schafften Bücher in die Bibliothek – an alles kann ich mich schon nicht mehr erinnern. Doch bei dieser gemeinsamen Arbeit für andere, in dieser freundschaftlichen, fröhlichen und uneigennützigen Arbeit entsteht nicht nur echte, wirksame Fürsorge für andere Menschen, sondern auch gegenseitige Hilfsbereitschaft, der Wunsch, einander wirklich zu helfen.

Ich bedauere nur eines: diese Arbeitseinsätze kamen doch nicht allzu häufig vor, und wir hätten sie öfter durchführen sollen. Aber andererseits haben die Kinder heutzutage einfach zuviel vor, auch unsere Kinder, und zwar nur für *sich*: spielen, lesen, Sport treiben, Aufgaben machen, Erfahrungen sammeln usw. – alles nur für *sich*! Und was tun sie für andere?

Mikroskopische Dosierungen?

Und wieviel? Wieviel Kraft, Zeit und Mühen haben sie aufgewendet, welches Ergebnis haben sie erzielt – sowohl quantitativ wie auch qualitativ – all das ist außergewöhnlich wichtig. Ich meine, daß die Arbeitsbelastung optimal sein muß, damit das Kind sowohl seine physische Kraft anwenden wie mit dem Kopf arbeiten, seine Geduld und seine Ausdauer bei der Bewältigung von Schwierigkeiten ausprobieren und Freude und Stolz empfinden kann, wenn es ein spürbares Resultat erzielt. Das hängt natürlich von der Organisation der Arbeit ab, von ihrer Notwendigkeit und ihrer Nützlichkeit, aber, Ehrenwort, fünf Minuten Arbeit am Tag sind – noch keine Arbeit.

Als wir in ein anderes Haus mit Heizung, Wasserleitung und Gas umgezogen waren, half uns wieder eine Notwendigkeit: Wir mußten das Haus winterfest machen, den Schuppen umbauen, das Gelände für den Sportplatz und das Schwimmbecken säubern und zurechtmachen, Ordnung im Garten schaffen – es war genug Arbeit da. Außerdem gab es viele verschiedene Saisonarbeiten: den Frühlingsputz im Hof und das Pflanzen im Garten. Gewöhnlich machen bei solchen Tätigkeiten alle, groß und klein, mit. Und natürlich war da auch die tägliche Arbeit: Saubermachen, Essenkochen, Abwaschen u. a. – wir tun sie der Reihe nach.

Wenn man all das zusammenrechnet, dann ergeben sich im Schnitt natürlich nicht fünf Minuten, aber auch nicht mehr als eine halbe Stunde Arbeit am Tag. Ich finde, das ist sehr wenig. Deshalb bleibt die Arbeit auch unbemerkt, und eigentlich kann man sie gar nicht richtig Arbeit nennen.

Aber muß Arbeit unbedingt Arbeit sein? Ich finde, daß das unerläßlich ist: Die Bedingungen, unter denen gearbeitet wird, dürfen, weder von der Belastung noch von der Dauer her, spielerischen Charakter haben, sondern sie müssen so umfangreich sein, daß, wie man sagt, Schweiß fließt und daß Müdigkeit aufkommt, und zwar diese Müdigkeit vom Arbeiten, die eine besondere, stolze Zufriedenheit gibt: »Ich konnte das auch, ich habe das ausgehalten, ich bin auch schon zu etwas nutze, und Angst vor Arbeit habe ich nicht.« Darin kommen der Stolz und die Würde eines arbeitenden Menschen zum Ausdruck. Und dieses Gefühl kann und muß das Kind so früh wie möglich erleben.

»Nitotschka – Nikitotschka«

Das sind keine theoretischen Überlegungen – wir haben all das bei unseren Kindern beobachten können, als wir unsere »Nähfabrik« organisierten, die von den Kindern zärtlich »Nitotschka – Nikitotschka«[13] genannt wurde. Wir hatten es damals schwer. Um zusätzlich etwas zu verdienen, nahm Mutter Heimarbeit an – sie nähte Schürzen, und wir alle haben ihr geholfen (der Älteste war damals elf Jahre alt).

Lena Alexejewna: Ich habe eigentlich ziemlich schnell begriffen, daß unsere »Fabrik« mir viel zuviel Zeit wegnahm: Um die von einer Heimarbeiterin geforderte Norm zu schaffen, mußte ich drei bis vier Stunden täglich nähen. Und das nach einem siebenstündigen normalen Arbeitstag und der normalen Hausarbeit. Nach anderthalb Monaten hatte ich das Gefühl: ich schaffe es nicht, ich gebe auf. Aber ich gab nicht auf. Warum?

Alle Kinder mögen gerne Tätigkeiten spielen, die Erwachsene ausüben: »Einkaufen«, »auf die Post gehen«, »am Arbeitsplatz«, »Schule« usw. Aber dieses Arbeiten »zum Schein« bringt keine echte Befriedigung. »Das ist doch nur Spiel. Aber was sollen wir machen, wenn wir nichts anderes haben?« – »Wie stark ist doch in den Spielen der Kinder das Bewußtsein vom Mangel an echtem Leben ausgeprägt, wie quälerisch auch die Sehnsucht danach.« Und schließlich: »Wenn das Kinderzimmer entgegen unseren Verboten doch so häufig zur Werkstatt und zur Rumpelkammer wird, d. h. zum Materiallager für bestimmte Arbeiten, müssen wir dann nicht unsere Überlegungen in diese Richtung lenken? Vielleicht ist für das Zimmer eines Kleinkindes gar nicht Linoleum erforderlich, sondern eine Fuhre gelben Sand, ein ordentliches Bündel Stöcke und eine Schubkarre Steine? Vielleicht ist eine Tafel, ein Karton, ein Pfund Nägel, eine Säge, ein kleiner Hammer und eine Drehbank ein viel erwünschteres Geschenk, ein Spiel – und ein Werklehrer nützlicher als ein Gymnastik- oder Klavierlehrer? Aber dann müßten aus dem Kinderzimmer die Ruhe, die Krankenhaussauberkeit und die Angst vor einem Schnitt in den Finger verschwinden.« Das ist unser geliebter Korczak, der so spricht, sein erstaunliches Buch »Wie man Kinder lieben sollte«. Wie haben wir uns gefreut, als wir diese Zeilen lasen, weil wir in ihnen eine Unterstützung der eigenen Beobachtungen, Empfindungen und Überlegungen fanden. Nein, wie schwer es mir auch fiel, unsere »Fabrik« schließen konnte ich einfach nicht, weil ich den Kindern nicht die Freude nehmen konnte, am richtigen Leben teilzunehmen.

Boris Pawlowitsch: Wir arbeiteten eine bis anderthalb Stunden täglich, jeder in seinem »Fach«: einer heftete mit Stecknadeln die Einzelstücke zusammen, einer schnitt Garn zurecht, einer legte zusammen, einer war »Kinderfrau« im Kindergarten und spielte mit dem damals noch kleinen Wanjuscha.

Zur Hälfte war das natürlich ein Spiel, aber wir arbeiteten mit allem Ernst, jeder an einem Arbeitsplatz, mit straffem Rhythmus und in eigener Verantwortung für die Qualität. Das war eine wunderbare Zeit, an die wir uns alle mit Vergnügen erinnern. Und warum?

Es war eine gut organisierte, einträchtige Arbeit mit einem sichtbaren Ergebnis: ein Stapel fertiger – von uns gemachter (!) – Schürzen. Eine bis anderthalb Stunden ziemlich mühseliger eintöniger Arbeit hätte, so schien es, die Kinder ermüden können, aber nein: Sie waren von einem besonderen Arbeitsethos durchdrungen, weil sie in der »Fabrik« unbedingt gebraucht wurden. Irgendwie hatte sich Anotschkas Finger entzündet – sie hatte sich einen Splitter eingestochen. Wir wollten sie von der Arbeit befreien, aber sie fragte: »Und wer wird dann die Taschen aufheften?« und arbeitete mit den anderen zusammen weiter bis zum Ende der »Schicht«.

Lena Alexejewna: Es war einfach erstaunlich, wie unsere Quecksilber sich bei der Arbeit verwandelten und konzentriert, aufmerksam und ernst wurden und sich sogar ein bißchen wichtig nahmen – es war gar nicht an sie heranzukommen. Und irgendwie befanden sie sich ja schließlich auch »im Dienst«.

Und wie unterschiedlich ihre Charaktere zum Vorschein kamen: Der eine gab mit seinen Rationalisierungsvorschlägen keine Ruhe, der andere war anfangs darauf erpicht, möglichst viel Quantität auf Kosten der Qualität zu liefern, der dritte zeigte ungewöhnliche Akkuratesse, sogar feine Eleganz in seinen »Operationen«, und der vierte erwies sich als universal – er eignete sich alle »Berufe« an und war bereit, im Fall eines »Rückstandes« zu helfen. Besonders beeindruckte uns Erwachsene die Schnelligkeit, mit der die Kinder sich die Arbeitsgänge und ganze »Berufe« zu eigen machten. Es war kaum eine Woche vergangen, als Anjuta, die gerade zum »Wenden des Schürzenschoßes« übergegangen war, schon nicht mehr hinter einem Erwachsenen zurückblieb. Und es verging noch eine Woche, da schaffte sie schon zwei Schürzen, während wir Erwachsenen nur mit einer fertig wurden. Dem zehnjährigen Anton trugen wir schon zwei Wochen nach Arbeitsbeginn in der »Fabrik« den neuen Beruf »Näherin-Motoristin« ins »Arbeitsbuch« ein (jeder Arbeiter hatte bei uns ein solches Arbeitsbuch). Er nähte nicht nur Taschen, Träger und Gurte auf seiner Nähmaschine »Tula«, sondern konnte diese auch einstellen, die Spule füllen, den Abstand bei der Steppnaht und die Fadenspannung regulieren. Alle Fragen, die in der »Fabrik« auftauchten, lösten wir auf einer allgemeinen Versammlung, und wir Erwachsenen hatten nicht selten allen Grund, von den sinnvollen und gerechten Urteilen der Kinder beeindruckt zu sein.

Vom selbstverdienten Geld

Boris Pawlowitsch: Ja, jeder von uns wurde für seine Arbeit bezahlt – jeder erhielt am Monatsende seinen Lohn, der feierlich in eine Liste eingetragen wurde, in der die »Qualifikation« des Arbeiters, die Zahl seiner Arbeitsstunden und die Lohnsumme verzeichnet waren: von 23 Kopeken für die vierjährige Julija bis zu 3 bis 4 Rubel für die »Näherinnen und Motoristinnen«, also für Mutter und den zehnjährigen Anton. Von Anfang an hat uns die Haltung der Kinder zu diesem von ihnen selbst verdienten Geld in Erstaunen versetzt. Das war nämlich nicht *geschenktes* Geld, wie wir oder die Babuschkas es ihnen manchmal gaben (hier hast du und kauf dir davon, was du möchtest) und wie es nie lange in der Tasche blieb – sie konnten es gar nicht schnell genug für Eis, Schokolade oder irgendeinen kleinen Tüdelkram ausgeben, der schon eine halbe Stunde nach dem Kauf irgendwo vergessen oder ohne besonderes Bedauern zerbrochen wurde.

Aber das *verdiente (!)* Geld so leichtsinnig und dumm auszugeben, kam ihnen überhaupt nicht in den Sinn. Dieses Geld zählten sie viele Male durch, verwahrten es sorgfältig und gaben es nur für notwendige Dinge aus, die sie dann lange benutzen konnten: für einen Kugelschreiber, ein Federmesser, einen Kompaß, ein Notizbuch usw. Eine besondere Befriedigung gab den Kindern die Tatsache, daß sie von ihrem Geld (ohne jemanden fragen zu müssen!) ein Geschenk kaufen oder alle an einem Feiertag mit etwas besonders Leckerem bewirten konnten.

Aber einmal passierte folgendes: Das Geld reichte nicht bis zum Monatsende. »Ich weiß nicht, was wir machen sollen« bekannte Mutter traurig, als wir am Abend alle zusammen an unserem großen »Produktions«tisch saßen. Und da streckte sich ihr plötzlich eine kleine Hand mit festgeballter Faust entgegen: »Da, Mama, nimm mein Geld«. Auf Julijas geröteter Handfläche lagen 23 Kopeken – ihr ganzer Lohn. Und da folgten ihr die anderen nach: »Meins auch! Nimm meins auch!« Mutter konnte kaum die Tränen zurückhalten. Tags darauf aßen wir *Julijas* Brot und tranken *Anjas* Milch und sagten ihnen: »Danke!« Und sie glänzten vor Stolz und Glück.

Wahrscheinlich erinnert sich jeder von uns gerne an den besonderen Augenblick, in dem er der Mutter den ersten Lohn seines Lebens aushändigte. Aber das ist in der Regel erst mit 16 bis 18 Jahren der Fall. Wir konnten unseren Kindern diese hohe menschliche Freude schon viel früher bereiten.

Welches ist das Hauptergebnis Ihrer häuslichen vorschulischen Erziehung?

Boris Pawlowitsch: Manche meinen, daß wir in unserer Familie die Schulkenntnisse einfach in ein früheres Alter vorgezogen haben, d. h. daß wir unseren Vorschulkindern praktisch zwei bis drei Klassen »eingedrillt« haben, so daß sie in der Grundschule nichts mehr zu tun haben. Ich glaube, daß alles, was wir weiter oben geschildert haben, den Leser davon überzeugen wird, daß bei uns keine Rede von »Drill« sein kann.

Lena Alexejewna: Aber einige könnten sagen: Um etwas einzudrillen, braucht man nicht unbedingt zu zwingen, Druck auszuüben oder zu nötigen. Außer der Knute gibt es ja zum Zweck der Unterwerfung auch noch Pfefferkuchen, außer Angst gibt es ja auch noch Verführung. Was soll ich darauf sagen? Es stimmt, Pfefferkuchen sind üblich: »Wenn du das durchliest, dann gebe ich dir Bonbons«, »Wenn du das Einmaleins auswendig lernst, kaufe ich dir ein Fahrrad«, »Wenn du diese Aufgabe löst, Wowotschka[14], dann geht Papa mit dir in den Tierpark.« Das ist doch noch schlimmer, als einfach zu etwas zu zwingen. Klare Nötigung kann nicht nur Angst hervorrufen, sondern auch Protest, Durst nach Freiheit und Gerechtigkeit, während dieses »Kaufen und Verkaufen« beim Kind nichts außer der Überlegung in der Art »Was habe ich davon?« hervorruft. Wir haben uns dieser Kaufmannsmethode niemals bedient, um beim Kind den Wunsch zu wecken, etwas zu erreichen.

Wir freuen uns über die Erfolge der Kinder, über ihr Vorwärtskommen, über ihre Entdeckungen, aber wir versprechen ihnen dafür keine Süßigkeiten und keine goldenen Berge, keinerlei Vorteile und Privilegien. Die Kinder lassen sich vielmehr vom eigentlichen Prozeß des Kennenlernens, des Schaffens, des Schöpferisch-Tätigseins hinreißen. Sie lassen sich nicht von Angst oder Berechnung leiten, sondern von ihren *Interessen.* Zur Belohnung für alle ihre Anstengungen wird das stolze Bewußtsein: »Ich kann!«, »Ich habe es selbst gemacht!«, »Ich weiß!« Und das Vergnügen daran, daß sie sagen können: »Ich habe geholfen . . ., ich habe Freude bereitet . . . ich habe etwas *gut* gemacht!«

Boris Pawlowitsch: Interessant ist, daß der Wunsch der Kinder, noch mehr zu erfahren, nur wächst, je mehr sich ihr Wissen über die Welt erweitert und vertieft.

Wie ein starker, durchtrainierter Körper nach Bewegung dürstet, so dürstet auch ein entwickelter Verstand nach Tätigkeit, wobei er sich nicht so sehr etwas aneignen, als vielmehr erforschen will. Eben das beobachten wir auch bei unseren Kindern. Akademiemitglied N. M. Amosow[15] hat folgendes über sie gesagt:

»Die Grundeigenschaft ihres Intellekts ist nicht, sich etwas einzupauken, sondern zu begreifen. Sie eignen sich schnell etwas Neues an. Sie sind nicht so sehr Wissensautomaten, als vielmehr fähig, Probleme zu lösen.«

Genau das ist nach unserer Ansicht das Hauptergebnis der geistigen Entwicklung unserer Kinder im Vorschulalter.

Wie gestalten sich die Beziehungen zwischen Kindern und Erwachsenen in Ihrer Familie?

Lena Alexejewna: Ein ganzes Buch würde nicht ausreichen, um auf diese Frage zu antworten. Ich werde versuchen, über das Wesentliche zu berichten. Das Erstaunlichste für mich besteht heute darin, daß wir, wie viele andere Eltern auch, am Anfang nicht sehr stark auf diese sehr wichtigen Seiten der Erziehung achteten. Verblüfft von den ungeheuren Möglichkeiten des frühen Kindesalters, die sich so unerwartet aufgetan hatten, ließen wir uns zunächst von dem Problem hinreißen: *Welches Niveau* kann ein Kind in seiner körperlichen und intellektuellen Entwicklung erreichen? Über die Frage aber, *wozu* es seine entwickelten Fähigkeiten schließlich verwendet, wie es sich zu anderen Menschen verhalten wird, haben wir in den ersten zwei, drei Jahren des Lebens mit den Kindern nicht sehr viel nachgedacht. Wir meinten, daß die Hauptsache der

Verstand und die Gesundheit seien und daß alles andere von allein dazu käme.

Boris Pawlowitsch: Ich bin auch jetzt noch geneigt zu glauben, daß vom Entwicklungs*niveau* der schöpferischen Seiten des Intellekts im wesentlichen auch der sittliche Grundzug eines Menschen abhängt.

Lena Alexejewna: Aber mir scheint, daß er mehr von der *Richtung* dieser Fähigkeiten abhängt, von der Art, wie sie im Leben angewendet werden. Je mehr ein Mensch anderen *geben* will, desto sittlicher ist er, unabhängig davon, *wieviel* er geben kann.

Boris Pawlowitsch: Was heißt denn geben? Das muß man schließlich auch mit Verstand tun: *Wem* etwas geben? *Warum* geben? Blinder Eifer schadet nur, das ist ja bekannt. Ein entwickelter schöpferischer Verstand – das ist die Garantie für eine richtige Orientierung in allen Lebensbereichen des Menschen, darunter auch in den sittlichen Werten.

Lena Alexejewna: Ja, man kann vorzüglich *begreifen,* was gut und was schlecht ist, und braucht sich nichtsdestotrotz in seinem Leben überhaupt nicht von diesem Verständnis leiten zu lassen. Außerdem: Haben wir nicht sehr viele kluge Leute im Leben getroffen, die über alles sehr tief und feinsinnig zu urteilen vermochten, die aber im praktischen Leben, im realen Umgang mit den Menschen »unfähig«, hilflos oder despotisch und seelenlos waren?

Ich bin jedenfalls fest davon überzeugt, daß zum Beispiel das Leben des Kindes in der Schule nicht nur von seiner Gesundheit und seiner geistigen Entwicklung abhängt, sondern auch davon, *wie* es sich im Kinderkollektiv verhält: Ist es ansprechbar oder egoistisch, gesellig oder verschlossen, kann es in verschiedenen, bisweilen sehr schwierigen Situationen es selbst bleiben, sich dabei aber auch nicht absondern, um dann unter der Einsamkeit zu leiden? Das alles hängt davon ab, welche *Erfahrung im Umgang* mit den verschiedensten Menschen es vor der Schulzeit machen konnte: War jemand da, um den es sich sorgen mußte, mit dem es streiten konnte, gegen den es sich durchzusetzen hatte, hat es gelernt, Mitleid zu haben, mitzufühlen, andere zu *verstehen,* und hat es die mit nichts vergleichbare Freude, ewas für andere Menschen zu tun, die *Freude des Gebens,* empfunden?

Boris Pawlowitsch: Ich würde noch sagen: die Freude an der Empfindung, anderen Menschen *nützlich* zu sein.

Lena Alexejewna: Wie schwer war es für uns, zum Verständnis all dieser Buchstabenweisheiten zu gelangen. Und mehr als alles andere auf diesem Weg hat uns die Tatsache geholfen, daß wir eine *große Familie* waren, in der die Kinder auf natürliche Weise in die verschiedensten Beziehungen zu den Erwachsenen und untereinander traten (Hilfe, Fürsorge, Nachahmung, Beharrung, Scham, Mitleid usw.), und wir mußten auf ebenso natürliche Weise diese Beziehungen regulieren, sie in Ordnung bringen, mußten uns selbst dabei verändern und von vielen unserer pädagogischen und Alltagsvorurteile abrücken. Die meisten blinden Fehler machten wir natürlich am Anfang, als der Erste, Wunderbare, Unwiederholbare und Einzige geboren wurde. Welch ein Glück, daß er das nicht lange blieb – schon die Geburt des zweiten Söhnchens rückte vieles wieder an den richtigen Platz, und zu der Zeit, als unser Töchterchen – das dritte Kind in der Familie – geboren wurde, hatten wir unsere elterliche Selbstgefälligkeit schon gründlich verloren und begonnen, von unseren Kindern zu lernen.

Und das war so. Als unser Erster anderthalb Jahre alt war, erzogen wir ihn folgendermaßen zur Selbständigkeit: Wenn der Kleine in eine schwierige Lage geraten war (er war irgendwo hingeplumpst oder steckengeblieben oder konnte etwas absolut nicht erreichen), dann »bemerkten« wir das gar nicht, halfen ihm nicht, ungeachtet all seiner Tränen und all seines Geschreis – er sollte lernen, *selbst* aus den Schwierigkeiten herauszukommen. Wir bremsten die Babuschka ab, die Mitleid mit dem Enkel hatte und danach strebte, ihm zu helfen, wir wurden böse, wenn jemand uns riet, etwas zu unternehmen, um das Geschrei zu unterbinden. Im allgemeinen hatten wir damit auch Erfolg: Der Kleine kam tatsächlich *selbst* aus schwierigen Lagen heraus.

Und alles wäre gut gewesen, wenn es nicht diese »Kleinigkeiten« gegeben hätte, die wir irgendwie gar nicht beachtet hatten: Während einer dieser anfallenden »Lektionen« bekam die Babuschka Kopfschmerzen, Onkel Wolodja konnte hinter seiner dünnen Trennwand nicht arbeiten, Tante Tanja glitt alles aus den Händen . . . Ohne daß wir selbst es ahnten, brachten wir dem Kleinen bei, nicht mit den Menschen zu rechnen, die um ihn herum lebten. Und nicht nur das. Als der zweite Sohn heranwuchs, machten wir es mit ihm genauso, bis wir einmal folgendes Bild beobachteten: Der Kleine weinte, weil er sich gestoßen und erschrocken hatte, aber sein dreijähriger älterer Bruder schaute ihn nicht einmal an – aufs Haar genauso wie wir Erwachsenen. Wir sahen nicht hin, weil wir eine bestimmte Absicht damit verfolgten (er sollte allein mit seiner Not zurechtkommen), aber das hier war nur *Teilnahmslosigkeit* und Gleichgültigkeit gegenüber den Tränen des Brüderchens. Das hat mich sehr erschüttert, das war furchtbar. Da schaute ich mich selbst und unsere »Erziehungsmaßnahme« etwas objektiver an und verstand endlich, warum sie unsere Umgebung manchmal so aufregte.

Solche »Lektionen« der Kinder führten uns nach und nach zu den ernstesten Überlegungen über die verschiedenen Aspekte der Beziehungen zwischen Kindern und Erwachsenen: Über Kontrolle und Vertrauen, über Ermutigung und Strafe, über Gehorsam und Launen usw. Eine von diesen Lektionen werde ich mein Leben lang nicht vergessen. Ich werde genau über sie berichten, weil vor allem sie es war, die mich veranlaßt hat, ein sehr schwieriges Problem, nämlich das Problem der Strafen neu zu betrachten. Auf diese Weise möchte ich auch versuchen, auf die Frage zu antworten:

Wie bestrafen Sie Ihre Kinder?

Das war vor achtzehn Jahren. Wir hatten etwas später zu Abend gegessen als gewöhnlich. Der jüngste Sohn – er war damals weniger als ein Jahr alt – saß bei mir auf den Knien und war mißgestimmt: Er wollte schlafen (das würde ich jetzt auch verstehen, aber damals verstand ich es nicht). Er nahm einen Löffel vom Tisch, wollte ihn wohl in den Mund stecken, ließ ihn aber auf den Boden fallen und fing an zu weinen. Daraufhin setzte ich ihn von den Knien auf den Boden und sagte: »Heb den Löffel auf!« Er weinte nur noch lauter. Die Logik meiner folgenden Handlungen war diese: »Ach, so ist das also. Du schmeißt etwas runter, hebst es nicht wieder auf und fängst auch noch an zu brüllen – dafür mußt du bestraft werden, damit du dich daran erinnerst und das nicht noch einmal machst.« Laut sagte ich:
»Wein nicht, heb den Löffel auf, und dann nehme ich dich wieder auf den Arm.«
Der Kleine segelt wie ein Stück Pappe auf den Boden, schiebt den Löffel weiter auf die Seite und heult noch viel mehr als vorher. »Du *gehorchst* immer noch nicht? So geht's ja nun nicht«, denke ich, »ich muß es ihm unbedingt zeigen, sonst wird er das nächste Mal . . .« – so lautet ja die gewohnte und – überzeugende! – Formel der Erwachsenen. Auch ich bestehe auf meinem Standpunkt und sage noch dazu mit drohender Stimme: »Du hebst den Löffel sofort auf, oder . . .«
Der Kleine liegt auf dem Boden und brüllt und schluchzt, und dabei ist dieses Gebrüll nicht launisch, sondern anders, eigentlich richtig kläglich . . . Ich verliere den Kopf, er tut mir leid, ich möchte ihn hochnehmen, ihn beruhigen (heute würde

ich das auch tun) – denn er wollte doch einfach schlafen. Zudem haben am Tisch alle mit dem Essen aufgehört – wie kann man dabei auch etwas herunterbekommen. Aber damals . . . beharrte ich fest auf meinem Standpunkt, eingedenk der Mahnung: Launen darf ich nicht hinnehmen – zum ersten, und darf nicht zulassen, daß meine Forderung nicht erfüllt wird – zum zweiten. Aber das Geschrei hört nicht auf. In meiner Verwirrung schreie auch ich fast:

»Nun, wenn du so einer bist, dann brauche ich dich nicht mehr!« und laufe aus der Küche. Ich bleibe mitten im Zimmer stehen und fange selbst beinahe an zu weinen – vor Machtlosigkeit, vor Mitleid, weil etwas nicht so richtig läuft und weil ich nicht weiß, was ich machen soll . . . Aus der Küche klingt wütendes Gebrüll herüber, jetzt aber schon nicht mehr kläglich, sondern verzweifelt und protestierend. Wann wird das enden?! Es vergeht eine fünf Minuten lange Ewigkeit . . . Schließlich höre ich, wie das Geschrei in der Küche nachläßt und ein schweres Schlurfen ertönt. In der Tür erscheint – auf allen vieren, obwohl er zu der Zeit schon gut gehen konnte – mein unglücklicher Sohn, verheult und schluchzend . . . Ich halte mich noch einmal zurück, werfe mich ihm nicht entgegen, und er krabbelt, ganz von Kräften, auf dem Boden zu mir heran, umfaßt meine Knie und beginnt bitter und klagend zu schluchzen.

Da – endlich! – flogen alle meine »festen Vorsätze« zur Hölle, ich setze mich zu ihm auf den Boden, und wir beide weinen, indem wir einander fest umarmen. Das sind Tränen der Erleichterung und der Freude, wir sind wieder beieinander, *zusammen.* Und nach zwei, drei Minuten schläft er schon, schluchzt ab und zu noch einmal im Schlaf und läßt meine Hand lange nicht los. Aber auch ich selbst konnte mich lange nicht von ihm trennen.

Ich schaute auf sein schlafendes Gesichtchen mit den tränenverschmierten Backen, und zum ersten Mal in meinem Leben fühlte ich plötzlich eine ungeheure Schuld vor diesem winzigen Menschen. Denn ich war ja so ungerecht zu ihm! Er suchte Verständnis und Hilfe bei mir und erhielt – für eine kleine Fahrlässigkeit – die härteste Strafe: Mama *wandte* sich von ihm ab. Er protestierte, so gut er konnte, aber ich . . . versuchte nicht einmal, ihn zu verstehen, sondern ging bei meinem Verhalten von irgendwelchen festen Regeln aus, nicht aber vom Kind und seinem Zustand . . . Am Ende dieser »Lektion« begann meine mütterliche Lehrzeit, die bis heute nicht aufgehört hat: Ich lernte, meine Kinder zu *verstehen*.

Schwierig ist diese Wissenschaft. Es ist nicht möglich, hier von allen Fehlern und Fehlschlägen zu erzählen, die wir Erwachsenen im Umgang mit den Kindern zuließen.

Es war nicht leicht, von der Überzeugung loszukommen, daß wir allein schon deshalb recht haben, weil wir Erwachsene sind, und daß sie sich uns widerspruchslos unterzuordnen haben, nur weil sie Kinder sind. Noch schwieriger war es, bei Mißerfolgen zu lernen, die Schuld nicht auf die äußeren Umstände zu schieben, sondern zuerst auf sich selbst zu schauen: Was machst *du* hier nicht ganz richtig? Und stellen Sie sich vor, fast immer entdeckt man den Fehler in der eigenen Unfähigkeit, Taktlosigkeit, Unbedachtheit und Kurzsichtigkeit. Hier noch ein Beispiel.

Das, was ich jetzt erzählen will, geschah nicht vor *fünfzehn* Jahren, sondern erst kürzlich, im Sommer 1976. Ach, in welch großartige pädagogische Brennesseln habe ich mich trotz all meiner nicht gerade kleinen Erfahrung und »theoretischen Beschlagenheit« gesetzt! Zwar konnte ich mich daraus wieder befreien, und die Erfahrung war nicht vergeblich, aber immerhin habe ich mich hineingesetzt!

Die Sache war so. Meine *fünfjährige* Tochter, eigentlich ein zärtliches und nachgiebiges kleines Mädchen, sprang plötzlich nach einer anscheinend unschuldigen Bemerkung von mir mit geballten Fäusten auf mich zu, stampfte mit dem Fuß auf und schrie mir verzweifelt mit blitzenden Augen ins Gesicht: »Du bist dumm! Dumm! Dumm!« und schluchzte laut, bitter und hemmungslos auf. Ich erstarrte. Ich hatte von den Kindern noch nie etwas Derartiges gehört. Ich wußte nicht einmal, was ich tun und sagen sollte, errötete bis zu Tränen und lief vor die Tür auf die Außentreppe. Im Zimmer begann ein Tumult: Die älteren Schwestern, die unser Gespräch mit angehört hatten, warfen sich mit Vorwürfen auf die Kleine.

»Wie konntest du! Warum hast du Mama so gekränkt? Du bist gemein!«

»Ja, ich bin gemein«, höre ich ein ganz dünnes, schluchzendes Stimmchen, »aber warum hat Mama selbst mich zuerst gekränkt? Ah – ah – ah . . .«

Im ersten Augenblick war ich gleichsam betäubt und konnte nichts einwenden. Dann versuchte ich, so bitter mir auch zumute war, die Ereignisse in ihrem umgekehrten Ablauf zu rekonstruieren: Was mochte das Töchterchen zu einem so blinden wilden Ausfall veranlaßt haben? Was war geschehen, daß sie in einen solchen Zorn geraten konnte? Zwar hatte ich mit ziemlich gereizter Stimme gesagt: »Nun, dann kommst du morgen nicht mit mir zur Arbeit!« Aber warum hatte ich das so gesagt? Ich erinnerte mich: Sie tobte mit ihrem Brüderchen herum und auf meine Bitte: »Hört auf, Kinder, es ist Zeit zum Schlafengehen!« antwortete sie fröhlich: »Aber ich *will* nicht!« Und was war davor gewesen? Und jetzt erinnerte ich mich: was hatte ich nur angerichtet!

Vielleicht fünf oder zehn Minuten vor dem Krach hatte es ein sehr ernstes Gespräch zwischen mir und allen jüngeren Kindern gegeben, in dessen Verlauf wir verabredet hatten, daß sie morgen alle mit in die Bibliothek kommen und mir helfen würden, alte Zeitschriften umzuräumen, und daß sie sich anschließend ein Buch aussuchen dürften, um es zum Lesen mit nach Hause zu nehmen.

Vor lauter Aufregung über das bevorstehende Vergnügen

(sie gehen immer sehr gerne mit mir in die Bibliothek) und stolz auf das Vertrauen (sie gehen ja mit, um zu *helfen!*), wollten die Kinder, statt schneller schlafen zu gehen, überhaupt nicht aufhören zu spielen und tobten herum . . . Aber es war schon so spät, und ich hatte an diesem Abend noch so viel zu tun . . . »Ach, wann beruhigt ihr euch endlich«, denke ich und komme mehr und mehr »in Fahrt«. Die Gereiztheit ist ein schlechter Ratgeber, und weil ich die eben getroffene Verabredung schon wieder vergessen habe, verstehe ich nicht, warum die Kinder so aufgeregt sind, und so, bitte schön, kam es zu diesem: »Du kommst morgen nicht mit mir zur Arbeit!«

Und das ist echter Starrsinn: Wenn ich will, dann bestrafe ich, wenn ich will, dann erlasse ich die Strafe. Und all das so mir nichts, dir nichts, in einem Augenblick, in dem ein Mensch nicht nur keinerlei Schuld fühlt, sondern sich im Gegenteil richtig glücklich und stolz fühlt. Welch eine Ohrfeige für das Ehrgefühl und den Eigenwert. Und das Schlimmste ist, daß sie von *Mama* kommt . . .

Mein liebes kleines Mädchen, deine plötzliche Empörung ist ja kein blinder, wilder Ausfall, sondern echter Protest gegen eine Ungerechtigkeit . . . Welch eine Närrin bin ich doch in der Tat. Halt! Aber der Mutter »du bist dumm« zu sagen, ist auch unmöglich, das ist einfach undenkbar. Was also tun? Jetzt, nachdem ich selbst Klarheit gewonnen habe, kann ich schon einen Ausweg suchen. Die Verwirrung und die Kränkung klingen ab, ich lächle sogar unter Tränen: »Irgendwie sitze ich ganz schön in der Patsche, ei-jei-jei!« Nun, wo ein Lächeln ist, da enden bald auch alle Konflikte – das weiß ich schon seit langem.

Aber bis zum Seufzer der Erleichterung ist es noch weit: Das Töchterchen weint untröstlich, ich schluchze auch los auf meiner Außentreppe. Aber wir beide fühlen uns schon nicht mehr so gekränkt, sondern vielmehr schuldig. Beide sehnen wir uns nach Versöhnung, aber . . . wie anfangen? Ich halte es als erste nicht mehr aus, rufe sie ganz leise beim Namen, sie kommt zu mir, und wir gestehen uns ein, indem wir abwechselnd reden, schluchzen und uns gegenseitig die Nase putzen, daß wir beide sehr, sehr, sehr schlecht gehandelt haben und daß wir das nicht wieder machen wollen.

»Mama«, sagt plötzlich meine Kleine und schaut mir in die Augen, »Mama, komm, wir wollen uns nie, nie mehr daran erinnern.«

Mich machte diese weise Eingebung des Kindes betroffen. In der Tat: Wer das Vergangene im Gedächtnis behält, ist selbst schuld, wenn er leidet. Wie wohl wir uns fühlten, als wir nach dem verflogenen Sturm zusammen auf der Außentreppe saßen und sahen und hörten, wie der Wind in die Nacht überging, wie alles still wurde ringsherum, sich gleichsam vor dem Schlaf beruhigte . . .

Der aufmerksame Leser wird mich hier der Unzuverlässigkeit überführen: »Sie haben doch versprochen, daß Sie sich an diese unangenehme Geschichte nicht mehr erinnern wollen und haben diese Abmachung dann selbst gebrochen. Das ist nicht schön . . .« Natürlich! Ich hätte mich auch wie eine richtige Verräterin gefühlt, wenn ich nicht die Erlaubnis meiner Tochter zu diesem offenen Bericht erhalten hätte. Als sie von meiner Absicht erfuhr, protestierte sie anfänglich stürmisch: »Nein, Mamotschka, nicht! Nicht!« Ich schwankte, aber dann versuchte ich trotzdem, sie zu überzeugen:

»Weißt du, ich schäme mich selbst, wenn ich davon erzähle, aber ich möchte es so gerne, damit viele Erwachsene verstehen, wie schlecht das ist – ein Kind zu kränken und wie gut es ist, sich zu verstehen und nie, nie mehr seine schrecklichen Fehler zu wiederholen. Ich werde dich in diesem Bericht nicht beim Namen nennen. Und ich werde auch vorlesen, was ich geschrieben habe. Wenn etwas dir nicht so vorkommt, wie es sein soll, dann verbesserst du mich, gut?«

Das Töchterchen, still werdend und ernst, saß schweigend

auf meinem Schoß – sie dachte nach. Ich hatte mich eigentlich schon entschlossen, meine Idee aufzugeben, und wollte mich an ein anderes Beispiel erinnern (aber ein anderes war mir nicht so klar im Gedächtnis geblieben, und darin lag die Not!), als sie mir plötzlich um den Hals fiel und ins Ohr flüsterte: »Also gut, Mamotschka, wenn es sein muß, dann muß es sein . . .«

Jetzt möchte ich zu meinem Bericht zurückkehren und fragen: Sagen Sie, verehrter Leser, wer hat wen in dieser traurigen Geschichte *bestraft?* Schwer zu sagen, nicht wahr?

Nach solchen *gegenseitigen* Lektionen dachte ich immer häufiger und häufiger über folgendes nach: Warum sind wir Erwachsene eigentlich so sehr von unserem Recht überzeugt, bestrafen und liebkosen, aufmuntern und züchtigen zu können? Es ist gefährlich, wenn der Unfähige und Unerfahrene dieses Recht ausnutzt, und noch gefährlicher ist es, wenn der Brutale und Kaltherzige es nutzt. Wie leicht ist es hierbei, zu übertreiben oder zu untertreiben und überhaupt alles falsch zu machen. Und da wird der Versuch, *Klarheit* über sich selbst und über das Kind, über die Motive und die Ursachen seines Verhaltens wie über das eigene Verhalten zu gewinnen, niemals zu etwas Schlechtem führen. Hier kann sogar ein Fehler von Nutzen und sehr lehrreich sein, weil er erlebt und eingesehen wird. Und so sammelt sich die Erfahrung an, die es einem erlaubt, sich nicht so zu verhalten, wie es üblich ist, sondern wie man es in einem gegebenen Augenblick einzig und allein kann und muß.

War es denn etwa richtig, daß ich mich als erste zur Versöhnung mit dem Töchterchen entschloß und sie nicht dazu veranlaßte, sich zu Anfang zu entschuldigen usw.? Hätte ich *durchhalten* sollen? Meine Erfahrung hat mir etwas anderes gezeigt: Es muß immer der Erwachsene dem Kind entgegenkommen, vorausgesetzt natürlich, daß beide schuld sind. Ich unterstreiche: In den Konflikten zwischen Erwachsenen und

Kindern ist es meistens so, daß die Erwachsenen mehr Schuld haben, sie suchen sie aber leider nicht bei sich. Vom Kind zu verlangen, daß es sich entschuldigt und daß es sich in einem Augenblick schämt, in dem es die Schuld bei den Ewachsenen sieht, ist grausam. Für das Kind ist ein solcher Schritt zur Versöhnung immer mit *Erniedrigung* verbunden, aber für den Erwachsenen – mit *Großmut*. Das ist ein gewaltiger Unterschied! Denn auf der Seite des Erwachsenen sind Kraft und Macht, sie auszunutzen, um einen Schwachen zu erniedrigen, ist – eine Gemeinheit. Das bewirkt nicht Reue, sondern Verbitterung und verborgene Kränkung.

Wie schwierig das alles ist! Kann man denn die Kompliziertheit und Feinheit der *gegenseitigen* Beziehungen überhaupt in das primitive und einseitige Schema von Strafen und Ermunterungen, d. h. irgendwelcher besonderer *Maßnahmen* zwängen, die immer nur in eine Richtung gehen: vom Erwachsenen zu den Kindern? Noch dazu von Erwachsenen, die selbst – ach, und wie sehr – einer überaus großen Vervollkommnung bedürfen? Ist es etwa nicht so?

Soll das heißen, daß ich für Straflosigkeit bin? Nein, das nicht. Ich bin für *gegenseitige* Einflußnahme aller in der Familie, für *gegenseitiges* Verständnis und für *gegenseitiges* Aufeinandereinwirken. Nur ein solcher Weg trägt Früchte und gibt Freude. Diese Erkenntnis ist nicht das Ergebnis theoretischer Erörterungen, sondern mühsam gesammelter Erfahrung, die mir geholfen hat, eine gemeinsame Sprache mit den Kindern zu finden, auch jetzt, wo sie schon herangewachsen sind. Und je länger wir mit den Kindern lebten, desto mehr überzeugten wir uns von der Weisheit der einfachen Worte Leo N. Tolstojs, der auf die Frage: »Wie soll man Kinder erziehen?« antwortete: »Erziehen Sie sich selbst.«

Gibt es zwischen Ihnen, den Eltern, Meinungsverschiedenheiten in Fragen der Erziehung?

Boris Pawlowitsch: Im wesentlichen sind wir einer Meinung, aber ganz ohne Auseinandersetzungen geht es nicht. Von einigen haben wir schon berichtet. Es gibt noch andere. Ich zum Beispiel habe mich aus irgendeinem Grund nicht sehr viel mit sittlichen Problemen beschäftigt: Es gab genug andere Sorgen. Außerdem konnte Mutter das besser als ich. Ich bemühte mich, ihr nicht hineinzureden, sie jedoch nahm mir übel, daß ich *nicht half.* Mir aber scheint, daß es im allgemeinen den Frauen mehr liegt, auf die verschiedenen psychologischen Feinheiten einzugehen.

Die Männer sind doch eigentlich mehr mit Außerhäuslichem beschäftigt. Sie haben berufliche Sorgen zu bewältigen, sie haben den Kopf voll von allen möglichen Plänen, die bei weitem nicht immer etwas mit der Familie, den Kindern zu tun haben. Und überhaupt ist das keine Männersache – sich mit kleinen Kindern zu befassen.

Lena Alexejewna: Ja, viele Männer können sich einfach nicht vorstellen, *was* sie im Leben verlieren, wenn sie sich dem Umgang mit den Kindern entziehen, wie sehr sie innerlich verarmen und welche wunderbaren Freuden sie auf diese Weise nie kennenlernen werden.

Boris Pawlowitsch: Ich hatte Glück, diese Freuden sind nicht an mir vorübergegangen. Ich fühle mich sogar besonders wohl, wenn ich mit den Kindern zusammen bin, mit diesen neugierigen, zärtlichen und rastlosen Rackern, und es ist für mich ein großes Vergnügen und eine große Freude, mit ihnen zu spielen, etwas zu unternehmen oder sie einfach neben mir zu fühlen. Und folgendes ist interessant: Als die Kinder klein waren, hatten Mutter und ich keine großen Meinungsverschiedenheiten. Aber sie wuchsen heran, und die Schwierigkeiten und Auseinandersetzungen nahmen zu. Ich fühlte auch selbst, daß es mir gutgetan hätte, diese psychologischen Feinheiten zu kennen. Aber sie jetzt noch zu begreifen, ist schwer. Wie schwer ist es zum Beispiel, seine Schuld und sein Unrecht einzusehen – alles in einem rebelliert doch dagegen: »So ein kleiner Kerl ist nicht mit mir einverstanden, lacht auch noch – so was gibt's doch gar nicht!« Aber dann schämt man sich und sagt sich: »Schließlich hast du ihm doch selbst beigebracht, sich nicht blind zu unterwerfen, selbständig eine Lösung zu finden, eine eigene Meinung zu haben – womit bist du also nicht zufrieden?« Schließlich sind diese Gefühle der Überlegenheit und der unerschütterlichen Überzeugung vom eigenen Rechthaben den Kindern gegenüber in uns Erwachsenen doch sehr stark. Fast jeder Einwand erscheint naiv und sinnlos – was versteht er schon, was weiß er schon, um widersprechen zu können? Wenn man aber zugibt, daß er etwas wissen kann, von dem man selbst noch nichts gehört hat, daß er einen unmittelbaren und lebendigen Verstand hat, dann hört man sich seine Meinung an und wundert sich: »Ist doch ein Prachtkerl! Hat sich das besser überlegt als ich!« Ehrenwort, es ist sehr angenehm, wenn sich herausstellt, daß man beim eigenen Sohn etwas lernen kann, auch wenn der noch so klein ist. Das erhöht beide in den Augen des anderen und . . . auch in den eigenen Augen.

Lena Alexejewna: Ich möchte nicht, daß wir so verstanden werden, als wenn alle in der Familie die »gleichen Rechte« haben müßten, wobei Vater den »alten Jungen« und Mutter die »Busenfreundin« spielt und alle »sich gegenseitig erziehen«. Nein, diese Art »Demokratie« ist meiner Ansicht nach widernatürlich und schädlich. Das Kind, das in unsere widersprüchliche Welt eintritt, muß ein klares sittliches Orientierungsmaß haben: Dies ist erlaubt, aber das ist verboten, dies ist wichtig, aber das ist unwichtig, dies ist gut, aber das ist schlecht – aus all dem setzt sich schließlich auch jenes System der sittlichen Werte zusammen, von dem der Mensch sich in allen Situationen des Lebens leiten lassen wird – und zwar in alltäglichen ebenso wie in außergewöhnlichen und kritischen Situationen.

Und dieses Orientierungsmaß, diesen sittlichen Kompaß geben dem Kind wir, die Erwachsenen, die mit ihm zusammenleben. Natürlich vervollständigt sich der Charakter eines Menschen im Laufe seines weiteren Lebens, im Umgang mit verschiedenen Menschen und in seiner eigenen Tätigkeit noch wesentlich, aber trotzdem werden sich diese neuen Einflüsse auf dem absetzen, was schon in ihm ist, auf jenem Fundament, das in der Kindheit gelegt wurde. Und zwar von uns, den Erwachsenen, gelegt wurde. Diese Verantwortung darf auf niemanden sonst abgewälzt werden. Und darum ist es so, daß bei aller gegenseitigen Achtung und bei aller gegenseitigen Einflußnahme in der Familie das Kind geführt werden muß und daß der Erwachsene es führt – und nicht umgekehrt.

Lena Alexejewna: Gerade das wollte auch ich sagen, als ich zu zeigen versuchte, wie interessant und notwendig es ist, die Kinder zu *verstehen* und im *Kind* immer den *Menschen* zu *achten* – denn das ist der Schlüssel sowohl zu normalen Beziehungen in der Familie, wie auch zu vollem Vertrauen und Achtung der Kinder vor uns Erwachsenen. Jetzt sehe ich: Meine Anstrengungen waren nicht vergeblich, aber wieviel steht uns noch bevor! Jetzt nehmen unsere Kinder schon an unseren Auseinandersetzungen teil, und manchmal haben wir einen schweren Stand!

Sie erlauben den Kindern, Sie zu kritisieren und an den Auseinandersetzungen der Erwachsenen teilzunehmen? Führt das nicht zu Ungehorsam?

Boris Pawlowitsch: Aber wir streben keinen Gehorsam an, keine Unterwürfigkeit, keine widerspruchslose Unterordnung. Wir selbst sind von diesen sklavischen Gewohnheiten noch nicht ganz befreit, was uns natürlich nicht wenige unangenehme Augenblicke im Leben einbringt. Aber das Kind darf sich nicht fürchten, es selbst zu sein, und muß das Recht haben, gleichberechtigt mit den Erwachsenen seine Meinung zu sagen. Wir möchten erreichen, daß sie nicht gehorchen, sondern zuhören und uns verstehen.

Bei dieser Gelegenheit möchte ich sagen, daß wir alles, was wir über unsere Familie schreiben, unseren Kindern laut vorlesen, ehe wir es in die Schreibmaschine tippen – wir bitten sie, so intensiv wie möglich zu kritisieren, und wir berücksichtigen alle ihre Verbesserungen und Anmerkungen im weiteren Verlauf der Arbeit. Irgendwann einmal habe ich gelesen, daß die Kinder in der Urgesellschaft das Recht hatten, bei den allgemeinen Versammlungen des Stammes anwesend zu sein, und es kam vor, daß aufgrund der Stellungnahme eines Neunjährigen eine Entscheidung getroffen wurde. Welch ein Vertrauen hat man dort den Kindern geschenkt!

Wie schwierig es für uns auch war, wir haben uns immer bemüht, autoritäres Verhalten zu vermeiden, und haben von Anfang an versucht, das Leben der Familie auf demokratischen Grundsätzen aufzubauen: Alle gemeinsamen Angelegenheiten oder Probleme besprechen wir zusammen mit den Kindern, wobei wir dem Jüngsten zuerst das Wort geben, und dann kommt die Reihe – dem Alter nach – zuletzt an mich oder an den Djeduschka. Man darf sich streiten, einander widersprechen, aber beleidigen und »beschimpfen« ist unzulässig.

Lena Alexejewna: Allerdings kommt das vor – wenn die Streitsüchtigen keine Argumente mehr haben und wenn sie beginnen, wie die Hähne übereinander herzufallen. In dieser Situation hilft ein guter Witz – er verringert sogleich die Spannung und die aufflammende Feindseligkeit. Schade, daß der Humor nicht immer für so einen *guten* Witz ausreicht. Manchmal kommt etwas so Plumpes dabei heraus, daß man sich eher an Spott, Stachelei und Ironie erinnert fühlt, und damit wird nur Öl ins Feuer gegossen, und die Leidenschaften entflammen nur noch stärker. Wir sollten diese im Leben so wichtige Kunst erlernen – zu scherzen, etwas Lustiges auch in den scheinbar traurigsten Situationen und ausweglosesten Lagen zu finden. Dafür reicht manchmal schon aus, daß man sich selbst einfach etwas unparteiisch ansieht: Da haben sie sich gekränkt, sich gerauft und rote Backen bekommen – wirklich, wie die Hähne. Sagt man nun leise: Ki-ki-ri-ki! – finden das alle komisch, und es ist, als ob es keine Bosheiten gegeben hätte!

Boris Pawlowitsch: Manchmal nehmen wir unsere Auseinandersetzungen – über die schärfsten Fragen – auf Tonband auf, um nach einiger Zeit zu ihnen zurückzukehren und weiter die »Klingen zu kreuzen«, bis wir in etwa zu einer gemeinsamen Meinung kommen.

Lena Alexejewna: Um die Wahrheit zu sagen, das gelingt uns nicht immer, und bis heute streiten wir zum Beispiel darüber, was wichtiger ist: die Menge an Arbeit, die die Kinder in der Familie leisten, oder ihre Richtung, d. h. die Frage, warum eine Sache getan wird. Aber das ist bereits eine Auseinandersetzung unter uns Erwachsenen. Im Zusammenhang damit möchte ich noch einmal zu der oben gestellten Frage zurückkehren: Sie erlauben Ihren Kindern, an den Auseinandersetzungen der Erwachsenen teilzunehmen? Die Rede ist hier aber offenbar nicht von Diskussionen mit den Kindern über irgendwelche allgemeinen Probleme, die die Familie angehen, sondern von Auseinandersetzungen und Unstimmigkeiten *zwischen den Erwachsenen*. Das ist eine nicht einfache und bis zu einem gewissen Grad sogar schmerzliche Frage für uns. Die Sache ist die, daß wir uns wohl oder übel von Anfang an fast mit der ganzen weiten Welt streiten mußten: Vieles in unserer Familie hatte wenig Ähnlichkeit mit der traditionellen, gewohnten Erziehung und wurde als Herausforderung aufgefaßt, als absichtliche Mißachtung der allgemeinen anerkannten Normen und Ansichten. Jetzt verstehe ich, daß dieses Verhalten einigen Grund hatte (ich erinnere nur an unseren »Unterricht in Selbständigkeit«, von dem ich oben erzählte) – offensichtlich hatten wir, begeistert, wie wir von der ungeheuer erstaunlichen und im wesentlichen für uns unbekannten Welt der Kindheit waren, die uns umgebende Welt der Erwachsenen vergessen und unwillkürlich einige Gesetze dieser Welt mißachtet. Mit uns geschah vermutlich dasselbe, was auch Archimedes zustieß, als er mit dem Ruf »Heureka!« splitternackt die Straße entlanglief und damit bei ordnungsliebenden Bürgern den Wunsch wachrief, diesen Frevler an der Wohlanständigkeit einzufangen und . . .

Wir wollten anderen auch so schnell wie möglich darüber berichten, wieviel Kinder schon können, wie interessant und leicht es mit ihnen sein kann, wenn man für sie andere Lebensbedingungen schafft und die eigene Einstellung zu ihnen ändert. Wir haben unsere Gedanken und Handlungen nicht frisiert und vergessen, sie in geeignete, d. h. gewohnte Kleider zu hüllen . . . Natürlich hat das sehr viele verärgert, und natürlich schlugen um uns und die Kinder die Leidenschaften und Auseinandersetzungen ständig hoch. Und obwohl wir selbst natürlich einer Meinung waren (die Einigkeit hat uns auch geholfen, auszuhalten und nicht nachzugeben), stritten wir doch auch unter uns, und manchmal auch in Anwesenheit der Kinder.

»Wozu verurteilt ihr die Kinder?« zürnte die Babuschka, »ihr zerrüttet ihr Nervensystem, sie werden euch nicht achten und die Umgebung auch nicht. Erinnere dich: Wußtet ihr Kinder, wenn Vater und ich Streit miteinander hatten? Nie! Wir sind immer in einheitlicher Front vor euch aufgetreten: Es gab und es konnte keine Unstimmigkeiten zwischen uns vor den Kindern geben. Darin lag unsere Stärke. Und was macht ihr?«

So sehr ich mich auch anstrengte, ich konnte mich tatsächlich an keinen einzigen Streit meiner Eltern erinnern und zweifelte voller Qual an der Richtigkeit meines eigenen unruhigen Lebens. Aber während ich noch zweifelte, konnte ich doch nicht mehr rechtzeitig das verhindern, was schon wie eine Lawine über uns hinwegrollte: die Sensation, den Rummel und das Einbrechen von lauter unbekannten und fremden Menschen in unser Familienleben, die auch etwas vorschlugen, ablehnten, bewerteten und stritten, stritten, stritten . . .

Wenn ich mich jetzt an diese für uns schwere Zeit erinnere, denke ich mit Bitterkeit daran, daß die hitzig streitenden Erwachsenen mitunter den Gegenstand des Streits – lebendige Kinder – vergaßen und daß sie – darunter auch Pädagogen – taktlose Schlüsse zogen und Prognosen und Bemerkungen hinsichtlich des derzeitigen und zukünftigen Lebens unserer Kinder machten. Wir hatten wahrhaftig das Feuer nicht nur auf uns, sondern auch – was schlimmer war! – auf unsere Kinder gelenkt. Aber . . . wir konnten schon nichts mehr daran ändern. Die Kinder vor all dem zu verstecken, wäre nur um den Preis der Heuchelei, des Betruges und im besten Fall der Verheimlichung der Wahrheit möglich gewesen, aber darauf konnten wir es auf keinen Fall ankommen lassen! So kam es, daß unsere Kinder unter nicht sehr friedlichen Umständen aufwuchsen, und ich habe bis heute noch die verschiedensten Befürchtungen.

Aber kürzlich hatte ich ein für mich sehr wichtiges Gespräch mit einem meiner älteren Söhne (ich nenne die Kinder nicht zufällig nicht beim Namen, sie haben das selbst so gewollt). Ich fragte ihn, um die Wahrheit zu sagen, nicht ohne Verlegenheit, aber doch ohne Umschweife:

„Was meinst du, war es sehr schlecht, daß wir immer in eurer Anwesenheit über alles stritten?«

Er antwortete beinahe etwas langsam und mit einigem Erstaunen:

»Warum schlecht? Ich finde, daß das überhaupt eine gute

Sache ist – Auseinandersetzungen zuzuhören: Es ist interessant, die Argumente miteinander zu vergleichen, selbst eine Lösung zu finden – unabhängig davon, wer was gesagt hat. Ihr habt mich und die anderen doch nicht gezwungen, unbedingt auch Stellung zu beziehen, und ich brauchte mich ja bei keinem von euch einzuschmeicheln – und das war sehr gut. Das fördert wahrscheinlich auch das Denken. Übrigens habe ich irgendwo gelesen, daß die jungen Männer im alten Griechenland so unterrichtet wurden: Sie waren bei den Disputen zwischen anerkannten Weisen zugegen, nahmen aber selbst nicht unmittelbar daran teil und waren nicht verpflichtet, sich der einen oder anderen Seite anzuschließen. So lernten sie *denken*.«

Das war bemerkenswert. Ich schöpfte einfach wieder Mut. Und es zeigte sich, daß der springende Punkt nicht der war, daß wir überhaupt stritten, sondern der, welchen Anteil daran die Kinder hatten. Und schließlich haben wir sie tatsächlich nie zu Richtern in unseren Auseinandersetzungen gemacht, keiner hat versucht, sie auf seine Seite zu ziehen, wir haben auch nicht gefordert, daß sie Stellung nahmen, und machten keine Einwände gegen ihre Teilnahme an der Auseinandersetzung. Mit einem Wort, sie waren frei in ihren Überlegungen und Äußerungen. So ist das auch heute noch. Außerdem gab es bei uns eigentlich keinen richtigen Streit, sondern Diskussionen, keinen Krach mit offenen oder versteckten beleidigenden Angriffen, sondern ehrliche Zweikämpfe mit dem Wunsch, den »Gegner« unbedingt mit unwiderlegbaren Argumenten zu überzeugen. Natürlich verlaufen solche Auseinandersetzungen nicht ohne Emotionen. Manchmal braust auch einer auf: »Du verstehst überhaupt nichts und willst nichts verstehen!« Es kommen auch Tränen vor – und nicht nur bei der schwachen Hälfte unserer Familie.

Boris Pawlowitsch: Wladimir Iljitsch[16] hat gesagt, daß es »ohne menschliche Emotionen kein Suchen des Menschen nach Wahrheit gegeben hat und auch nicht geben kann«. Warum also Emotionen fürchten? Die Hauptsache für uns ist, die Wahrheit zu finden, und nicht, einander zu verletzen. Darum bemühen wir uns auch, schneller voneinander »abzurücken« und aufzuhören, uns gegenseitig zu zürnen.

Wie bringen Sie Ihren Kindern bei, sich umeinander, um Sie und um andere zu sorgen?

Lena Alexejewna: Diese Aufgabe ist schwerer, als sich einfach um die Kinder zu kümmern. Und auch viel wichtiger. Ich würde sagen, daß die wichtigste elterliche Sorge darin bestehen muß, den Kindern beizubringen, fürsorglich zu sein. Wie? Es ist seit langem bekannt, daß die Sorge für die Kinder von allein nicht ihre Gegenaufmerksamkeit weckt. Sitten- und Moralpredigten langweilen sie und berühren sie nicht. Ermahnungen und Vorwürfe rufen Gereiztheit und Starrköpfigkeit hervor. Was also dann tun? Viel mußten wir darüber nachdenken, viel Kummer mußten wir hinnehmen, aber wir hatten auch viel Freude.

Das Fazit aus all dem könnte etwa so lauten: Damit Kinder zu aufmerksamen und fürsorglichen Menschen heranwachsen, sind wenigstens drei Bedingungen erforderlich.

Erstens müssen die Erwachsenen selbst sich stets füreinander sorgen, und zwar nicht nur zum Schein, sondern ernsthaft, zweitens darf man von Anfang an den Wunsch des Kindes zu helfen nicht zurückweisen, sondern muß seine Fürsorge, auch wenn sie ungeschickt zum Ausdruck gebracht wird, immer mit Dankbarkeit annehmen (»Dank dir, Töchterchen. Was hätte ich bloß ohne dich gemacht . . . du hast mir geholfen, mein lieber kleiner Helfer . . .«) und drittens muß man sich *zusammen* mit dem Kind um jemanden sorgen, für einen anderen etwas tun: Vater kann zum Beispiel zusammen mit den Kindern in Mutters Abwesenheit das Haus aufräumen, und Mutter kann dafür Sorge tragen, daß die Kinder mit ihr zusammen das Abendbrot rechtzeitig zu Vaters Heimkehr von der Arbeit vorbereiten und den Tisch decken.

Einfache Dinge, so scheint es, aber wieviel Zeit haben wir gebraucht, um uns darin zurechtzufinden. Uns hat dabei sicher sehr geholfen, daß wir alle in der Familie sehr viel füreinander übrig haben. Sogar unsere Auseinandersetzungen sind immer wohlwollend, und wenn einer etwas zu sagen hat, stößt er in der Regel bei allen auf Interesse. So war es von Anfang an bei uns, auch als wir noch gar keine Familie waren, sondern nur zu zweit: *Er* und *ich.* Buchstäblich am ersten Tag, an dem wir uns kennenlernten und in der Pause einer pädagogischen Konferenz zusammensaßen, teilten wir unter uns: Er – einen Apfel, ich – den Kuchen. Und seit der Zeit hatten wir Glück: Kummer, Freude, Arbeit und Sorge – von allem bekam jeder immer seine Hälfte. Natürlich geht es nicht ohne Fehler und Mißverständnisse, die manchmal komisch sind, die uns beide manchmal aber auch schmerzlich verwunden. Kein Wunder: Denn Liebe und Sorge verwirklichen sich doch in der großen Anzahl verschiedener Handlungen, die ein Mensch einem anderen gegenüber ausführt: wie hat er geschaut; was hat er gesagt, wann hat er geholfen; wie hat er jemanden begrüßt und verabschiedet; wie hört er zu; warum schweigt er; hat er etwas bemerkt; hat er verstanden; wann hat er gelacht und wann die Stirn gerunzelt . . . aus all dem und vielem anderen setzt sich die gemeinsame Sprache für das gegenseitige Verständnis zusammen, die Sprache für den *Umgang* miteinander. Aber jeder von uns hatte seine eigene Sprache, die in vielem der Sprache des anderen nicht sehr ähnlich war. Nicht sofort entstand unser gemeinsames Lied. Dies um so mehr, als sich zu unserem Duett bald neue Stimmen gesellten, die Stimmen der Kinder, und es erwies sich als schwer, aus all dieser Vielstimmigkeit einen guten, harmonischen Chor aufzubauen.

Das war auch deshalb so, weil wir keine Lebenserfahrung in einer großen Familie hatten, und wir mußten ausprobieren, erfinden und uns dort quälen, wo alles von allein hätte kommen müssen. So war es für uns eine Zeitlang ein richtiges Problem, alle schnell am Tisch zu versammeln. Und alles begann ... wiederum mit der Sorge um die Beschäftigungen und Angelegenheiten jedes einzelnen: Schließlich war das, womit der andere sich gerade beschäftigte, wichtiger als das Essen. Es ist also Zeit zu essen, aber alle haben noch irgend etwas fertigzumachen. Das Essen wird kalt, der Küchendienst wird nervös ... So mündete die Sorge um die einen in Mißachtung der Arbeit der anderen. Wir erinnerten uns daran, wie respektvoll man sich in großen bäuerlichen Familien dem Essen gegenüber verhielt, dem Resultat ungeheurer Mühe! – wo keiner auch nur daran dachte, sich bei Tisch zu verspäten – und das nicht nur, weil man essen wollte oder man sonst nicht mehr Platz nehmen durfte: Man *schämte* sich, sich zu verspäten, wenn die anderen warteten. Wir mußten zu dieser natürlichen und einzig richtigen Beziehung zum Essen zurückkehren. Aber das war schwieriger, als zunächst einmal alles so zu organisieren, wie es sein mußte. Jetzt mußten wir erklären, bitten und diejenigen, die sich verspäteten, nicht an den Tisch lassen – es gab ein einziges Durcheinander.

Schade, daß wir solche im allgemeinen doch elementare Regeln des Umgangs nur auf dem Umweg über Versuche und Fehler begreifen konnten. So kam es auch vor, daß wir auch etwas zweifellos Gutes in sein Gegenteil verkehrten. Wir beschlossen zum Beispiel: Keiner bekommt bessere Stücke als die anderen. Wir teilten allen das gleiche zu: Torten, teures Obst, Schokolade usw. Das sah auch alles richtig aus: Keiner war beleidigt, keiner aß für sich allein etwas Leckeres ganz auf, sondern ließ den anderen unbedingt etwas übrig. Wir waren zufrieden: Gerechtigkeit und Fürsorge lagen auf der Hand. Aber heraus kam dabei schließlich etwas in der Art des Liedes: »Gutes führt nicht immer nur zu Gutem.« Ich beobachtete nämlich, daß die Kinder viel zu eifrig darauf achteten, daß *genau* geteilt wurde – damit auch ja keiner zu viel oder zu wenig erhielt. Mich hat diese Skrupelhaftigkeit ein paarmal unangenehm berührt. Dann begann sie mich immer mehr aufzuregen: Es roch nach Kleinkrämerei und Rechnen ... Niemandem kam in den Sinn, daß dieses Teilen seinem Wesen nach ungerecht war: Die Kleinen und die Großen bekamen das Gleiche zugeteilt, aber die Kleinen konnten mit ihrer Portion gar nicht fertig werden, während die Älteren gerne noch mehr wollten. Natürlich gaben sie dem anderen etwas ab, aber erst dann, wenn sie selbst nicht mehr mochten. Und das kam dabei heraus: »Nimm, armer Mann, was ich nicht mehr brauchen kann.« So eine Art Fürsorge war das also!

Wieder mußten wir suchen, wie wir so etwas vermeiden konnten. Wir fingen an, es anders zu machen: Vater schneidet zum Beispiel die Torte in merklich ungleiche Stücke: »Wer bekommt das größte?« »Djeduschka«, schlage ich vor. »Und das mit dieser schönen Rose?« »Mama?« fragt zaghaft einer von den Kleinen. – »Natürlich, liebes Kerlchen!« stimmt Vater zu. – »Und diese Stückchen hier mit der Schokolade?« »Papa!« »Nein«, sagte Vater, »laßt sie uns den Mädchen geben. Einverstanden, Männer?« Die Schwesterchen sind verlegen und erfreut über diese Aufmerksamkeit, und den »Männern« ist es angenehm, Großmut zu zeigen: Sie sind auch zufrieden. Natürlich klappte das nicht sofort so gut, aber die Wende zum Notwendigen war gemacht, und wie schön war es nun, wenn wir hörten: »Aljoscha kann drei Bonbons bekommen und wir zwei – er ist ja schon groß« oder: »Mama, gib den Kleinen meinen Apfel – sie haben ihn nötiger.« Und man hätte die Augen der Kinder dabei sehen sollen – sie schauten froh und gutmütig aus. Das Rechnen hatte Zwietracht gesät, aber die Fürsorge rief Zuneigung hervor und knüpfte Freundschaftsfäden.

Boris Pawlowitsch: Ich meine, das beste ist, wenn die Sorge um die anderen sich in Taten und nicht in Worten zeigt. Zeit, Kraft, Nerven aufwenden, um wirklich jemandem zu helfen – das ist es, worauf es vor allem ankommt. Aber heutzutage sind die Kinder, auch unsere, einfach zuviel nur mit sich selbst beschäftigt: spielen, lesen, fernsehen, Sport treiben, Aufgaben machen usw. – alles tun sie nur für sich selbst! Und was tun sie für die anderen? Das ist es ja gerade! Sehr stark müssen wir alle darüber nachdenken, wenn wir wollen, daß unsere Kinder nicht nur in Worten zu entgegenkommenden und fürsorglichen Menschen heranwachsen. Folgendes hat dazu Robert Owen gesagt: »Die Kinder müssen versuchen, ihre Spielkameraden glücklich zu machen. Diese Regel muß das erste und das letzte Wort jeder Erziehung sein«, also »glücklich *machen*«, und nicht nur einfach gute Worte fühlen und sagen.

Lena Alexejewna: Aber das eine muß das andere nicht ausschließen. Schlecht ist, wenn Mitgefühl nur in Worten vorhanden ist, aber manchmal kann auch ein gutes Wort – ein einziges Wort! – einem Menschen helfen. Und es ist nicht leicht – es im richtigen Augenblick zu finden. Wenn man schlechter Laune ist und sich wünscht, daß jemand kommt, einen tröstet und freundschaftlich sagt: »Kapitän, Kapitän, lächeln Sie!«[17] – so ist das doch auch Fürsorge, die die Menschen glücklich macht.

Ich möchte von noch einem unserer Fehler berichten, der uns noch zusätzliche Sorgen bereitete.

Die älteren Kinder waren ungefähr sieben, acht Jahre alt,

als ich feststellte, daß in unserem Haus immer häufiger folgendes zu hören war: »Aber ich bin gerade sehr beschäftigt!« – »Ich muß gerade etwas sehr Wichtiges erledigen, kannst du nicht . . .« – »Ich möchte so gerne lesen . . .« Ich, mich, mir . . .

Das machte mich mit der Zeit doch ein bißchen unruhig: Warum diese deutliche Aufmerksamkeit sich selbst, seinen eigenen Angelegenheiten und seinen eigenen Sorgen gegenüber – so, als wenn sich einer vor den anderen hervortun wollte? Woher kam das? Allem Anschein nach waren wir den Kindern gegenüber doch immer aufmerksam, und unser eigenes Leben war ihnen bei weitem auch nicht gleichgültig. Wir sind freundlich zueinander, wir lieben uns alle, und plötzlich so etwas . . . Warum?

Eine der Ursachen sah ich in folgendem. Uns war lange etwas ganz Einfaches nicht klar: jeder Mensch, auch das kleinste Krümelchen, braucht eine gewisse Zeit, in der er vollkommen sich selbst überlassen ist, in der niemand ihn bedrängt, etwas von ihm will und ihn sozusagen mit einem Einbruch von außen bedroht.

Und je älter der Mensch wird, desto mehr Zeit braucht er für sich, die für andere *unantastbar* ist. Wir waren überzeugt, daß es zwar immer etwas zu tun gab, aber daß unsere Kinder Freiheit im Überfluß hatten – und damit totale Selbständigkeit. So war es auch, aber dabei glaubten wir Erwachsene das Recht zu haben, zu jeder beliebigen Zeit, in jedem beliebigen Augenblick zum Beispiel zu rufen: »Olja, komm mal her!« Oder einen Auftrag zu erteilen: »Anton, geh mal kurz einkaufen!« oder einfach: »Ich brauche dich« – unabhängig davon, womit derjenige, den wir da riefen, gerade beschäftigt war. So hielten es auch die Kinder unter sich.

Ja, und auch wir Erwachsenen hatten diese notwendige, unantastbare Zeit faktisch nicht für uns: Die Kinder konnten auch zu uns kommen, wenn wir mit ernster Arbeit beschäftigt waren, miteinander diskutierten oder lasen, und wir hielten es für erforderlich, unsere Tätigkeit zu unterbrechen und sie anzuhören, auch wenn wir mit der Zeit dabei einigen Verdruß und Gereiztheit empfanden: Denn sie hatten uns an der interessantesten Stelle unterbrochen.

Aber wir duldeten das, weil wir meinten: So ist das eben, wenn man Freiheit und Gleichberechtigung praktiziert. Aber heraus kam dabei eine elementare Rücksichtslosigkeit und Nichtachtung der Angelegenheiten und der Zeiteinteilung des anderen. Reizbarkeit und eine gewisse Nervosität in unseren Beziehungen waren die unabdingbare Folge. Im Hause machte sich eine zuerst kaum wahrnehmbare, dann aber immer deutlicher zu spürende Tendenz bemerkbar, sich zurückzuziehen, sich abzukapseln. Und dann kam eben dieses: »Stört mich nicht, bitte, ich bin furchtbar beschäftigt!«, »Warum immer ich? Ich schaffe doch nicht mal meinen eigenen Kram . . .« usw., usw.

Das hätten wir zu einem großen Teil vermeiden können, wenn wir von Anfang an folgende Regel eingeführt hätten: Jemand, der sehr *beschäftigt* ist, darf nur im äußersten Notfall unterbrochen werden. Das ist auch eine Erscheinungsform dieser Fürsorge, die ein großer genauso wie ein kleiner Mensch braucht.

Überhaupt kommt die Aufmerksamkeit einem Menschen gegenüber in vielem zum Ausdruck, und meiner Ansicht nach braucht man Fürsorge nicht in eine bestimmte Richtung zu lenken. Die Hauptsache besteht, so scheint mir, darin, daß man sehr gut denjenigen *verstehen* muß, dem man helfen will – in Worten oder mit Taten – das läuft auf das gleiche hinaus. Sonst kann Fürsorge in Kränkung umschlagen. Man weiß ja: »Der Weg zur Hölle ist mit guten Vorsätzen gepflastert.«

Und so bin ich wieder da angelangt, wo ich angefangen habe: Es ist wichtig, daß man sich *versteht* und daß jeder einzelne eine gemeinsame Sprache mit allen findet. Zuerst in der Familie, dann in der Schule, im Hof, auf der Straße – einfach überall. Das müssen wir fortwährend lernen. Und diese schwierige Wissenschaft des Lebens begreift man um so erfolgreicher, je aufgeschlossener und gütiger man sich den Menschen gegenüber verhält, je mehr man die Eigenart jedes Menschen und sein Anderssein zu schätzen weiß. In diesem *Interesse* und in dieser *Achtung* vor den Menschen liegt meiner Ansicht nach das Geheimnis der Geselligkeit und des Kontaktreichtums – einer für das Leben sehr notwendigen Eigenschaft.

Die Mikrobe der Eitelkeit

Lena Alexejewna: Wir werden auch noch folgendes gefragt: Sind sie nicht hochmütig, halten sie sich nicht für etwas Besseres als die anderen, weil sie doch fast von den Windeln an solche Berühmtheiten sind?

Was soll ich sagen, diese Gefahr gab es. Übrigens ist die Mikrobe Eitelkeit und Eigendünkel sehr stark: Man paßt einmal nicht auf, und schon ist sie da – setzt sich fest und treibt an: Du mußt immer vorne liegen . . . du kannst es besser als alle anderen . . . du bist der aller-, aller-, aller- . . . Das braucht man sich selbst und seinem Nachwuchs nur einfach einige Male zu sagen. Und dann geht das so weiter: »Alik, zeig doch den Onkeln und Tanten . . .« – »Wowotschka kennt schon fünfzehn Buchstaben, aber du . . .« – »Sehen Sie nur, wie er malt – ein Talent!« – »Was wollen Sie, natürlich kommt nur die englische Schule in Frage[18]!« »Nun, natürlich ist er ein ausgezeichneter Schüler . . .« – das ist die Stimme der Eltern. Und hier die Stimme des Sohnes: »So sehr du auch kraxelst, mein Junge, Medaillen sind nicht für solche wie dich«, das kann er seinem Klassenkameraden sagen, er kann es sich aber auch nur denken – diese Kinder haben schließlich Höflichkeit gelernt – allerdings in gleichem Maß wie Egoismus und Herzlosigkeit.

Wenn wir nur ein einziges Kind gehabt hätten, wären wir mit dieser tückischen Krankheit wahrscheinlich nicht fertig geworden. Ich erinnere mich sehr gut, wie ich dieses Wunder, dessen Name *mein* Kind ist, empfand. Natürlich war es mit den anderen Kindern nicht mehr das gleiche, ganz und gar nicht das gleiche: Denn ein *Wunder* kann nicht gewöhnlich und durchschnittlich sein. Und – das ist das Schreckliche! – all das spielt sich nicht auf der Ebene des Verstandes ab, sondern auf der Ebene des Unterbewußtseins, fast des Instinkts, und darum ist es auch so schwer, dagegen zu kämpfen. Als das zweite, dritte Kind geboren wurde, fühlte ich dieses Wunder zwar immer noch, aber diese Empfindung, sich auf eines zu konzentrieren, hört auf und fügte sich in den normalen Rahmen mütterlicher Liebe, die natürlich leidenschaftlich ist, aber nicht hypertroph.

Dann erschien eine andere Gefahr: die Bezeichnung »Wunderkinder«. Dieses Wörtchen blieb für lange Zeit an uns kleben. Unsere Kinder erschienen nicht nur uns, sondern auch anderen als ein Wunder. Das führte nun zu gar nichts. Wir begannen zu merken, daß unsere »Sterne« (und wir hatten damals drei) anfingen, nicht so ganz richtig zu gehen, zu oft zu lachen, wenn Gäste da waren, und ihre Sportübungen so vorzuführen, als wenn sie den Anwesenden ihre Mißbilligung zeigen wollten – all das zwar noch nicht in einem sehr starken, aber doch merklichen Ausmaß. Oho! Als ich das beobachtete, beschloß ich felsenfest: Keine Vorführungen und keine Demonstrationen mehr, dieser Tanz um die Kinder muß aufhören – es reicht.

Boris Pawlowitsch: Aber es war schon zu spät! Wie sehr Mutter auch darauf bestand, mir erlaubte das Gewissen nicht, den vielen Menschen abzusagen, die schon damals in unser Haus kamen, um sich die Turngeräte, die Würfel, die Spiele und natürlich die Kinder anzusehen.

Denn das war ja nicht nur das neugierige Publikum, das waren Menschen, die Rat und Hilfe wirklich sehr nötig hatten. Im übrigen brauchten wir selbst auch einen wohlwollenden unparteiischen Blick, freundschaftlichen Beistand. Nun, wie konnte man ihnen also absagen? Ich sah kein großes Übel darin, daß die Kinder ihre Leistungen zeigten – schließlich tun alle Kinder das sehr gerne. Um so mehr, als diejenigen, die bei uns waren, das *brauchten*.

Lena Alexejewna: Dann haben wir uns geeinigt: kein überschwengliches Lob – alles ist *ganz normal* –, wenn andere Kinder unter diesen Bedingungen lebten, würden sie noch viel mehr erreichen. Und die Gäste baten wir, nicht zu sehr in Entzücken zu geraten und sich Epitheta in Form von Superlativen zu versagen. Es lief nicht immer so, wie wir es uns gewünscht hätten, aber diese Prophylaxe war auch nicht vergeblich – die Kinder hörten auf, sich zu zieren. Das schaffte das Problem natürlich nicht völlig ab, die Schwierigkeiten blieben – aber jetzt waren wir auf der Hut.

Boris Pawlowitsch: Teilweise im Sinne dieser Prophylaxe organisierte ich Wettbewerbe unserer Kinder mit Kindern aus der Nachbarschaft: Laufen, Springen, Werfen, gymnastische Übungen. Unsere waren gewöhnlich stark in Gymnastik, aber im Laufen und Springen gewannen sie nicht immer, und im Werfen blieben sie völlig zurück. Es ging nicht ohne Tränen ab, aber dafür erfuhren und begriffen die Kinder, daß sie nicht die »aller-, aller-, aller-« sind, sondern daß andere auch Prachtkerle sind. Im übrigen habe ich durch diese Wettbewerbe auch gelernt, zurückhaltender im Lob und objektiver in der Beurteilung zu sein: Die Stoppuhr ist kein Herz, sie ist leidenschaftslos und beurteilt alle gleich.

Lena Alexejewna: Die Kinder aus der Nachbarschaft kamen auch ohne solche Wettbewerbe zu uns: Der eine wollte sich in der Werkstatt beschäftigen, der andere auf dem Reck oder an den Ringen turnen, der dritte einfach spielen. Wir haben sie nicht beengt und uns bemüht, uns nicht in ihre Beschäftigungen einzumischen, wir haben sie aber von Zeit zu Zeit beobachtet: Wie verhielten sich unsere Kinder zwischen diesen Kindern, die ja viel älter waren? Uns erstaunte, daß sie sich weder als Kleinere noch als Schwächere fühlen wollten – sie spielten, und wenn es sein mußte, stritten sie sich auf der Basis von gleich zu gleich. Ich spreche im Imperfekt, weil diejenigen, von denen die Rede ist, schon herangewachsen sind. Aber das gleiche wiederholt sich jetzt mit den jüngeren Schwestern und dem Brüderchen, die ihre älteren Geschwister sehr lieben, aber ihnen keine äußere Ehrerbietung bekunden und keinerlei Abhängigkeit von ihnen empfinden. Wie früher kommen Kinder aus der ganzen Umgebung zu uns, reisen Eltern mit Kindern aller Altersgruppen an.

Die Kontakte mit ihnen kommen immer sehr schnell zustande, obwohl natürlich auch Konflikte und Kränkungen auftreten. Bei dieser Gelegenheit möchte ich noch sagen, daß wir uns bemühen, uns nicht in die Auseinandersetzungen der Kinder unter sich wie auch zwischen ihnen und ihren Freunden einzumischen, wir ziehen es vor, daß sie sich selbst zurechtfinden und, falls das notwendig ist, für sich einstehen oder einen anderen beschützen.

Können sie für sich und andere einstehen, für Gerechtigkeit und Wahrheit?

Lena Alexejewna: Einige könnten sagen: Die Rede ist hier doch von Vorschulkindern, um was für einen Kampf um Gerechtigkeit und Wahrheit kann es sich da schon handeln? Sie sind doch noch Kinder, Krümelchen – die vor Widerwärtigkeiten und Kämpfen behütet werden müssen. Dieser Einwand ist nicht erfunden – so oder fast so hat man nicht selten zu uns gesprochen. Welch ein Irrtum! Wenn das Kind das nicht bis zur Schule lernt, wenn es nicht weiß, wie es sich in der Klasse verhalten soll, in der es mit dreißig oder vierzig verschiedenen Charakteren zusammenstößt und wo es keinem Lehrer möglich ist, sich in den schwierigen gegenseitigen Beziehungen jedes einzelnen mit allen und eines jeden mit jedem einzelnen zurechtzufinden, und wenn man noch dazu bedenkt, daß Mutter weit weg ist und es nicht einmal einem Erwachsenen immer gelingt auszudrücken, was mit ihm geschieht – dann können Sie sich vorstellen, wieviel verschiedene Probleme sich für den Menschen schon am ersten Schultag ergeben, die er ganz allein lösen muß, ohne irgend jemandes Hilfe.

Da hat ein anderer Bengel ihn von hinten an den Haaren gezogen – soll er ihm eine langen? oder nichts bemerken? sich beklagen? Und da hat der schon wieder gezogen.

»Da hast du!« – »Steh auf, wie heißt du?« – »Petrunin, das wissen Sie doch...« – »Ha, ha, Petruschka...« soll er jetzt beleidigt sein oder lächeln? Nun, da juckt es ihm in der Nase, eine Träne ist heruntergekullert, und er hat doch kein Taschentuch mit...– »Warum starrt mich dieses Mädchen bloß immer so an, es guckt und guckt, diese Dumme...« – »Mariwanna[19], Petrunin hat mir die Zunge herausgesteckt!«...– »Mariwanna, Petrunin ärgert mich schon wieder...« –

»Erst hat sie selbst mich gestoßen, und jetzt petzt sie auch noch!« – »Soll ich ihm noch eine langen? Oder es der Lehrerin sagen? Oder ihm nachher eine Abreibung geben?«, und all das spielt sich innerhalb von ein, zwei Minuten ab. Die Frage: »Wie soll ich mich verhalten?« wird von nun an eine der wichtigsten Fragen im Leben des Kindes sein. Davor kann es sich nie drücken, und die Lage wird immer schwieriger: ein älterer

Junge hat es auf dem Flur beschimpft, und ein größerer Typ zwingt es auf der Toilette, eine Zigarettenkippe aufzuheben und in den Ascheneimer zu werfen. Wie soll es sich verhalten? Sich unterwerfen? Schweigen? Sich aufregen?

Nein, es ist sehr wichtig, daß der Mensch so früh wie möglich weiß, wie er sich in bestimmten schwierigen Augenblicken seines Lebens verhalten soll. Und er muß es nicht nur wissen, sondern er muß *schon* Erfahrung haben, muß sich selbst schon in verschiedenen Situationen erprobt haben, damit er sich schon vor der Schulzeit ein Gefühl für die eigene Würde, Stolz und Mut erarbeitet hat – Eigenschaften, die für die Standfestigkeit im Leben, für die Selbstbehauptung und für die Erhaltung seiner selbst als unabhängige und unbestechliche Persönlichkeit unbedingt erforderlich sind. Wie kann man diese Eigenschaften im Menschen so herausbilden, daß er sich *von Jugend an ein Ehrgefühl bewahrt, sich nichts vergibt und seinen eigenen Wert kennt?* Gewohnte Phrasen, doch – was steckt eigentlich hinter ihnen?

Boris Pawlowitsch: Wir begannen damit, daß wir Gehorsam als Erziehungsziel ablehnten. Vom Gehorsam bis zur Unterwürfigkeit ist es nur ein Schritt. Und ein gehorsamer Mensch ist ein Spielzeug in den Händen des Stärkeren. Wir strebten danach, daß die Kinder, selbst die Kleinsten, eine eigene Meinung hatten und sich nicht fürchteten, sie zum Ausdruck zu bringen und sogar mit den Erwachsenen zu streiten. Wir haben weiter oben schon geschrieben, daß wir uns in den verschiedensten Lebenssituationen bemüht haben, den Kindern das Recht einzuräumen, selbst zu entscheiden und zu handeln, aber auch für ihre Fehler selbst zu bezahlen. Wir gaben uns Mühe, nicht einfach zu befehlen oder Anordnungen zu geben und sofortige Ausführung zu verlangen, sondern zu erklären, warum etwas gemacht werden muß.

Lena Alexejewna: Mir scheint, daß wir es mit diesen Erklärungen etwas übertrieben haben. Eine Zeitlang bewirkte ja sogar eine einfache Bitte, zum Beispiel »Bring mir bitte die Schere« oder »Stell das Radio leiser« auf der Stelle die Frage: »Und wozu? Und warum?« Wir mußten wieder nachdenken: Was haben wir nicht ganz richtig gemacht? Es zeigte sich, daß wir selbst so redeten. Da kommt das Kind und bittet: »Gib mir ein Stück Papier.« Und wir antworteten: »Wozu brauchst du das?« – »Kann ich die Zeitung haben?« – »Und was hast du vor?« – so als ob wir dabei entscheiden, zu geben oder nicht zu geben, zu erlauben oder nicht zu erlauben. Genauso machten es dann auch die Kinder. Was war zu tun – wieder mußten wir bei uns selbst anfangen: uns diese dumme Gewohnheit abgewöhnen und eine Bitte sofort erfüllen, nicht erst überlegen, ob das sinnvoll ist. Schade nur, daß Gewohnheiten so schwer auszumerzen sind . . .

Boris Pawlowitsch: Vielleicht haben wir übertrieben, das ist möglich, aber das ist immer noch besser, als in entgegengesetzter Richtung zu übertreiben: dem Kind den Mund zu verbieten nach der Art: Das geht dich nichts an.

Unsere Kinder führen gerne alles überlegt und vernünftig aus, stumpfsinnige Organisation und Willkür ertragen sie nicht. Erinnere dich, Lena: Sogar die Fünfjährige rebellierte gegen eine Ungerechtigkeit. Nun, sie hat natürlich eine unpassende Form gewählt: Sie hat die Mutter beschimpft und Geschrei gemacht – aber schließlich war sie empört! Das bedeutet, daß sie schon ein Gefühl für die menschliche Würde hat. Und sie wird Erniedrigungen und Beleidigungen schon nicht mehr dulden.

Ich erinnere mich an einen Vorfall, als einmal Anton in die Werkstatt kam, wo ich Schülern der 8. Klasse Werkunterricht gab, er war gerade acht Jahre alt. Einer der Jungen, so ein langer Lulatsch – er war größer als ich –, hatte beschlossen, sich über ihn lustig zu machen, strich ihm mit der Hand »gegen den Strich« durch die Haare, von hinten nach vorne, und sagte etwas Beleidigendes. Ich stand in einiger Entfernung und begriff nicht gleich, was vor sich ging. Ich sehe nur: Mein Antoschka gerät augenblicklich in Rage und springt hoch, um dem »Typ« einen Schlag mit der Faust zu versetzen, dann einen zweiten und einen dritten! Der war wie vor den Kopf geschlagen: »Was willst du denn, ich habe doch nur Spaß gemacht . . .«, aber an Anton wagte sich keiner mehr heran. Ich konnte nicht einmal ein Wort zu seinem Schutz sagen. Ein Prachtkerl, denke ich, er läßt sich also nicht beleidigen.

Lena Alexejewna: Und nicht nur sich nicht – das ist meiner Ansicht nach noch wichtiger. Einmal trat Olja für Anton ein, als wir alle gegen ihn waren, während sie meinte, daß das ungerecht war. Und schließlich wies sie nach, daß wir alle unrecht hatten. Ich erinnere mich gut, daß es ihr schwerfiel zu sprechen – schließlich war sie noch keine zehn Jahre alt, und um sie herum waren die verärgerten Erwachsenen und die älteren und jüngeren Geschwister versammelt, die über das nach Djeduschkas Worten gemeine Benehmen Antons in Zorn geraten waren. Aber sie hatte gesehen, wie sich alles abgespielt hatte, urteilte anders und bestand auf ihrer Position, bis wir alle eine klare Vorstellung von allen Feinheiten des vorangegangenen Konflikts gewonnen hatten und zugaben, daß sie recht hatte.

Wie soll man es anstellen, daß das Kind in schwierigen Situationen verschiedenster Art lernt, nicht aus Furcht oder um irgendwelcher Vorteile willen zu handeln, nicht nach dem Prinzip: »Die Unsrigen werden geschlagen!« und nicht, weil es unbedingt recht bekommen will, sondern daß es lernt, *um der Gerechtigkeit willen* zu handeln. Dann muß man nämlich diese Situation *einschätzen,* unterscheiden, wer recht hat und wer unrecht und auf wessen Seite man treten muß. Was wird dem Kind helfen, seine Wahl zu treffen? Meiner Ansicht nach nur eines: die richtige Orientierung in den sittlichen Werten, das feste Wissen davon, was gut ist und was schlecht ist. Und hierbei ist die Literatur von unschätzbarer Hilfe, die Musik, die Malerei, das Theater, die Kunst, deren bildhafte Welt den Kindern vom frühesten Alter an zugänglich ist.

Welche Rolle spielt die Kunst im Leben Ihrer Familie?

Lena Alexejewna: Mich hat eigentlich schon immer der einfache Gedanke bewegt, daß die Menschheit Jahrtausende Zeit hat, um ihre sittliche Erfahrung zu sammeln und zurechtzuschleifen, während ein Mensch sie sich in zwanzig oder dreißig Jahren aneignen muß, um auf der Höhe der Kultur seiner Zeit zu stehen. Um aber in verschiedenartige Beziehungen zu den Menschen treten zu können, muß er sich diese Erfahrung, zumindest ihre Grundlagen, noch viel früher aneignen – zwischen dem 5. und dem 7. Lebensjahr. Welche Vielfalt des Lebens und der Tätigkeit die Familie auch dem Kind anbieten mag, wie sehr auch die Beziehungen der Kinder mit anderen Menschen und der Umwelt entwickelt sein mögen – diese Welt wird immer noch sehr eng sein, und diese Erfahrung wird ohne die Wechselbeziehung mit der sittlichen Erfahrung der Menschheit und all diesem Reichtum, den sie in ihrer viele Jahrhunderte alten Geschichte angesammelt hat, arm bleiben. Aber wie soll man hier vorgehen? Wie soll man seine persönliche Erfahrung mit dem vergleichen, was schon war, was ist und sein muß, was sein wird? Dazu ist nach meiner Meinung die Kunst unbedingt notwendig, dieses Feuer des Prometheus, das Generationen von Menschen einander weitergeben in der Hoffnung, es bis ins Herz und in den Verstand jedes einzelnen zu tragen, der das Glück hatte, als Mensch geboren zu werden. Hineinzutragen, damit jeder ein *Mensch* wird.

Boris Pawlowitsch: Du übertreibst die Rolle der Kunst. Den Menschen formen doch die Umstände, seinen Charakter die *Bedingungen, unter den er arbeitet und lebt.* Die Kunst hat zwischen diesen Bedingungen auch einen Platz, aber erstens nimmt sie nicht den wichtigsten Platz ein und zweitens keinen selbständigen: Sie selbst ist bekanntlich nicht homogen, sondern den Interessen der verschiedenen Klassen und Schichten der Gesellschaft untergeordnet. Die schönen Worte über das Feuer des Prometheus haben sogar im übertragenen Sinn, so meine ich, keinen Bezug zur Realität. Natürlich, die Kunst lehrt vieles, vermittelt Wissen über die Welt, über den Menschen, über die Beziehungen zwischen den Menschen, aber um die Menschen umzuformen, um aus dem Neugeborenen einen *Menschen* zu machen – dazu reicht die Kunst allein nicht aus.

Lena Alexejewna: Du ertappst mich, wie immer, beim Schönreden und hast an jedem Wort etwas auszusetzen – du gibst mir keine Chance, mich von Mutter Erde zu lösen. Nun gut, ich werde versuchen, nicht schön daherzureden, und komme zum Wesentlichen. Sag mir, warum muß der Mensch mit drei Jahren lesen lernen?

Boris Pawlowitsch: Nach dem, was wir schon geschrieben haben, ist es einfach überflüssig, danach zu fragen, sogar lächerlich. Aber wenn du willst, wiederhole ich es noch einmal. Schon bis zur Schule erfährt das Kind viel aus Büchern. Ihm werden geographische Karten und Nachschlagewerke zugänglich, sein Interessenkreis erweitert sich, seine Phantasie und seine Vorstellungskraft entwickeln sich. Das Lesen wird ihm zum Bedürfnis und zum Vergnügen. Es wird einwandfrei gebildet, ohne sich Grammatik anzueignen. Schließlich bedeutet das auch Zeitersparnis für die Erwachsenen. Das Kind hört auf zu drängen: Lies vor, lies vor! Ja, und auf seine vielen, vielen Warums sucht es sich Antworten in den Büchern – reicht das?

Lena Alexejewna: Sei's drum. Alles Gesagte würde wahrscheinlich auch ich so wiederholen. Aber weißt du, wie dein ältester Sohn kürzlich auf diese Frage antwortete? Er sagte etwas, worauf wir beide leider bis jetzt noch nicht gekommen sind, aber etwas, was ein ungewöhnlich wichtiges Ergebnis des frühen Lesens ist. Dieses sind seine Gedanken (ich gebe sie natürlich nicht wörtlich wieder, aber ich verbürge mich für den richtigen Sinn): Unsere schöngeistige Literatur, insbesondere die Kinderliteratur, ist in ihrem Kern ganz außergewöhnlich *sittlich.* Wenn das Kind früh lesen gelernt hat und dann mehr liest, als die Erwachsenen ihm je vorlesen würden, dann erwirbt es unmerklich ein sittliches Eichmaß, ein Verhaltensmuster zum Nachahmen – noch *bevor* es mit einigen Schattenseiten des Lebens zusammenstößt, noch *bevor* verschiedene Umstände, darunter auch ungünstige, auf es einzuwirken beginnen. Dann begegnet es diesen Umständen schon bewaffnet mit dem nötigen Wissen über die Welt, über die Beziehungen zwischen den Menschen, über das Gute und das Böse, über Mut und Feigheit, über Geiz und Freigiebigkeit und über vieles, vieles andere.

Nun, wie ist es? Was sagst du dazu?

Boris Pawlowitsch: Welch unerwarteter Gedanke! Wir haben wirklich nicht daran gedacht, und ich kann ihn nicht sofort richtig einschätzen. Aber warte: Wenn er recht hat, dann kann der Einfluß der Literatur stärker sein als der Einfluß der Wirklichkeit? Sogar in dem Fall, daß sie in gegensätzliche Richtungen verlaufen? Das ist fast nicht zu glauben. Dann wäre es doch gar zu einfach, Kinder zu erziehen: Sie brauchten bloß von morgens bis abends Märchen und Fabeln zu lesen – und alles wäre in Ordnung: eine sittlich hochstehende Persönlichkeit wäre gesichert.

Lena Alexejewna: Du ziehst ganz unnötig über die Märchen her – noch dazu mit einer gewissen Ironie. Das Märchen ist der Anfang aller Anfänge der ganzen Literatur, ihr Ausgangspunkt. Das Märchen ist eine ganz erstaunliche, meiner Ansicht nach die genialste Erfindung der Menschheit. Und warum lächelst du schon wieder? Aljoscha hat meines Erachtens die Hauptsache verstanden: Die Kunst wappnet den

Menschen mit etwas, was er durch einfache Lebenserfahrung nicht begreift. Ich würde noch hinzufügen: Sie wappnet hauptsächlich *die Gefühle des Menschen:* mit dem Schild der Liebe – gegen die Einwirkung des Bösen, mit dem Schwert des Hasses – für den Kampf um das Gute.

Boris Pawlowitsch: Du hast doch eben versprochen, daß du nicht schön daherreden willst. Laß uns noch näher auf die uns gestellte Frage eingehen: Hilft uns die Kunst bei der Kindererziehung, und wie hilft sie? Bei dieser Gelegenheit können wir auch über das *Problem Fernsehen* sprechen – das ist ja für viele eine schmerzliche Frage, während wir sie nicht einmal bemerken: Dieses »Problem« steht bei uns in der Ecke und ruft keine besonderen Scherereien hervor. Im Gegenteil, es bereitet uns, soweit ich das beobachte, oft sehr großes Vergnügen, das übrigens meines Erachtens nicht immer verdient ist. Du bist natürlich nicht einverstanden?

Lena Alexejewna: Nun, das ist eine besondere Frage, auf die ich noch näher zu sprechen kommen möchte. Ich möchte aber zunächst noch einmal zu den Märchen zurückkehren und doch noch etwas über sie sagen. In der Bibliothek, in der ich arbeite, und unter unseren Gästen habe ich in meinem Leben nur vier Menschen getroffen, die keine Märchen gelesen hatten und sie auch nicht mochten. Und erstaunlich ist: Diese vier waren sich in ihrer erschreckenden Unnahbarkeit, ihrer Rationalität, ihrem Mangel an Humor und Lebensfreude, die sonst Kindern so sehr eigen ist, ähnlich. Sie waren entwickelt, aber es war schwer, mit ihnen zu sprechen, schwer, mit ihnen auszukommen, weil das keine Erwachsenen und keine Kinder waren, sondern etwas nicht Ausgereiftes. Den Eindruck zu beschreiben, den ich von ihnen hatte, ist schwer, vielleicht bausche ich auch etwas auf oder habe etwas nicht genau formuliert, aber ich erinnere mich sehr genau: jeder von ihnen tat mir leid, weil ihnen etwas sehr Notwendiges für die Kontaktaufnahme mit anderen Menschen fehlte. Einer von ihnen machte den bedrückenden Eindruck eines seltsamen, sogar kranken Menschen, obwohl er absolut gesund war und auf meine Frage: »Bist du gut in der Schule?« herablassend antwortete: »Ich kriege nur Einsen, das versteht sich doch wohl von selbst.« – »Und warum liest du keine phantastische Literatur?« fragte ich ihn und schrieb die Bücher auf, die er sich ausgesucht hatte. »Ich lese sie wohl, aber nicht jede«, erklärte er mir, als ob er ein kleines Mädchen vor sich hätte, das naive Fragen stellt, »Grin[20], zum Beispiel, mag ich nicht. Was hat das mit phantastischer Literatur zu tun – das ist doch alles bloß ausgedacht. Phantastische Literatur – das ist wissenschaftliche Vorhersicht dessen, was wirklich einmal sein wird, und was Grin macht – das ist doch nur schöne Unwahrheit, und sonst nichts.« Er sah mich ziemlich kühl und ironisch an und lächelte herablassend. Ich hatte ihm nichts mehr zu sagen: Mit welchen Worten konnte ich auch Zugang zu ihm bekommen, wenn das nicht einmal die überaus klare Menschlichkeit und Güte Grins vermochte. Wie wird dieser »Denker« die Menschen verstehen, wie mit ihnen leben können?

Nein, meine ganze Familie liebt Märchen sehr. Wir lesen sie mehrmals, besonders unsere Lieblingsmärchen, wir lesen sie laut vor und jeder für sich, wir spielen die Helden der Märchen auch und versuchen, Märchen im Fernsehen immer zusammen anzuschauen, und natürlich lassen wir nie unsere geliebten Zeichentrickfilme aus. Und immer wieder überrascht mich folgendes: Etwas schwer Erklärbares, Kompliziertes und Widersprüchliches, etwas, worüber philosophische Traktate und gelehrte Untersuchungen verfaßt werden, wird den Kindern in einem dem Sinn nach durchsichtig klaren und der Form nach entzückenden und lustigen Märchen nahegebracht. Was ist das für ein Genuß zu sehen, wie die Kinder »wo es nötig ist – die Stirn runzeln, wo es sein muß – lachen«, wie sie miterleben, mitfühlen – und lernen zu verstehen, was wozu gehört. Wir lesen und sehen uns natürlich nicht nur

133

Märchen an. Eine große Anzahl von Kinder- und Erwachsenenbüchern haben wir laut vorgelesen, indem wir dieses Vergnügen bald auf mehrere Abende ausdehnten, bald über drei, vier Stunden nicht unterbrachen und alles von Anfang bis zum Ende lasen. So lasen wir zum Beispiel W. Tendrjakows *Frühlingsspiel*[21], Boris Wasiljews *Schießt nicht auf weiße Schwäne*[22] – die wir auf gar keinen Fall in mehrere Teile zerreißen konnten! Im allgemeinen hören alle zu, sogar die Älteren, obwohl ihnen ein Buch schon lange bekannt sein kann. Einmal konnte ich mich nicht zurückhalten (ich war neugierig geworden) und fragte: »Ihr habt doch schon alles gelesen, warum hört ihr denn noch einmal zu?«

»Weißt du, Mama, wenn du für dich allein liest, geht alles so schnell, daß du keine Zeit hast, dir alles im einzelnen vorzustellen. Alles zerfließt, wie bei einer Fahrt in großer Geschwindigkeit. Aber beim lauten Vorlesen liest du langsam, und alles gewinnt Farben und Töne, lebt in der Phantasie auf – dann hast du Zeit zu schauen und nachzudenken.«

»Wenn man zu Fuß geht, hat man es also viel besser?« lächelte ich, erstaunt und erfreut von der unerwarteten Entdeckung meines Sohnes.

Nach dem Vorlesen oder nach einer Fernsehsendung führen wir keine »Diskussionen aus gegebenem Anlaß« durch. Ich bin einfach nicht in der Lage, den Kindern Fragen mit einem bestimmten erzieherisch-didaktischen Ziel zu stellen – ich habe Angst, die Ganzheit der Eindrücke und Gefühle zu zerstören. Das einzige, was ich ab und zu wage, sind ein paar Einwände zum Gang der Handlung dessen, was wir lesen oder anschauen – manchmal ist es einfach schwer, sich das zu verkneifen.

Boris Pawlowitsch: Eine Zeitlang, und zwar ziemlich lange, stand ich Märchen und schöngeistiger Literatur, Filmen und Schauspielen skeptisch gegenüber – ich hielt sie für ein Mittel der Zerstreuung, der Erholung und ganz allgemein für nicht sehr seriös.

Auch jetzt noch lasse ich nicht ohne Ärger die eine oder andere Sache liegen und gehe – auf eine Einladung der Kinder oder der Mutter hin – etwas im Fernsehen anschauen, was sich ihrer Meinung nach lohnt. Und wissen Sie, ich habe gespürt, daß es wirklich sehr notwendig ist, neben den Kindern zu sitzen, sich aneinanderzudrücken, wenn etwas schrecklich ist, sich die Tränen mit einem Taschentuch zu trocknen, wenn etwas traurig ist, und aufzuspringen und loszulachen und sich zu umarmen, wenn etwas freudig und gut ausgeht.

Lena Alexejewna: Endlich, auf dieses Eingeständnis von dir habe ich lange gewartet, danke. Ich spaße nicht, Ehrenwort, danke! Ich glaube nämlich, daß dieses gemeinsame Erleben eine der sichersten Methoden ist, damit die Kinder lernen, sich in der komplizierten Welt der menschlichen Gefühle zurechtzufinden: Worüber man sich freuen kann, wann man sich entrüsten muß, wen man bemitleiden muß, für wen man sich begeistern kann – genau das lernen sie, wenn wir zusammen lesen, zusammen fernsehen, zusammen etwas hören. Gleichzeitig überprüft man ja auch seine eigenen Ansichten und Gefühle – sind sie nicht vielleicht altmodisch? Sind sie nicht vielleicht eingerostet? Das ist also auch für uns Erwachsene sehr nützlich.

Und noch etwas ist sehr notwendig. Vielleicht wissen einige das einfach nicht? Ich selbst habe das auch erst richtig begriffen, nachdem ich angefangen hatte, den Kindern die Bücher von Nosow, Dragunskij, Aljeksin und Dubow[23] vorzulesen, die als Kinderbücher gelten. Für mich war es eine Entdeckung, daß das eigentlich Bücher sind, die vor allem für uns Eltern geschrieben wurden. Sagen Sie, liebe Väter und Mütter, wer von Ihnen hat das wunderbare Buch *Wann werde ich wieder klein?* von Janusz Korczak[24] gelesen? Oder die Erzählung *Angst* von Richie Dostjan[25], die all denen gewidmet ist, »die ihre Kindheit vergessen haben«. Oder den *Ausreißer* von Dubow? Oder *Serjoscha* von der Panowa[26]? Sie haben das nicht gelesen? Und sagen Sie, wann haben sie das letzte Mal Tolstojs *Kindheit, Tjomas Kindheit* von Garin-Michajlowskij, *Die Kinderjahre Bagrows des Enkels* von Aksakow durchgelesen[27]? Sie erinnern sich nicht? Wie wollen Sie dann Ihre Kinder verstehen? Wie können Sie sie überhaupt verstehen?

Warum sind wir nur so faul und so wenig wißbegierig, wenn es um die innere Welt unserer eigenen Kinder geht – davon schreiben doch schließlich für uns Schriftsteller, die versuchen, durch beharrliches Klopfen in unser Bewußtsein und in unser Herz einzudringen: Schauen Sie, hören Sie zu, verstehen Sie, schätzen und lieben Sie die *Kindheit!* Je schwerer sie es haben, zu uns vorzudringen, desto schwerer wird es für uns sein, unsere eigenen Kinder zu verstehen. Ihnen ist das recht? Nein? Dann lesen Sie das, was Ihre Kinder lesen, legen Sie alles beiseite, und lesen Sie das Buch, über das Ihre Tochter weint oder das Ihr Sohn schon das dritte Mal hintereinander liest. Und lesen Sie es mit ihnen *zusammen* durch!

Boris Pawlowitsch: Wir beide hatten doch die Absicht, in diesem Artikel ohne Ratschläge und Empfehlungen und erst recht ohne Appelle auszukommen. Und nun kommst du nicht nur mit einem Appell, sondern sogar mit einem direkten Befehl: Legen Sie alles beiseite und basta! Warum so kategorisch?

Lena Alexejewna: Ich konnte mich nicht beherrschen und erkläre mich schuldig. Das ist wieder dieses »Heureka!«: Das, was man selbst erkannt hat, möchte man doch so schnell wie möglich allen mitteilen, man möchte überzeugen und beweisen ...

Boris Pawlowitsch: Erzähle, beweise, aber dränge dich nicht auf. Sonst kommt das Gegenteil von dem, was du erreichen möchtest, dabei heraus. Weißt du, das ist wie bei den Kindern: Wenn man auf sie »drückt«, erreicht man nur stärkeren Widerstand.

Lena Alexejewna: Einverstanden, ich werde versuchen, das nicht noch einmal zu machen.

Jetzt aber über das *Fernsehen*. Ich denke folgendes. Es ist eine richtige Katastrophe, wenn es alles andere ersetzt: Bücher, Beschäftigungen, Reisen und einfache Spaziergänge, Familienfeiertage, Begegnungen mit Freunden, Spiele, Gespräche – kurz gesagt: wenn es das Leben selbst ersetzt. Und dabei könnte es doch ein Helfer und ein Freund sein, wenn man es seiner Bestimmung gemäß benutzt: als Informationsmittel, als Methode der Begegnung mit interessanten Menschen, als Zauberer, der uns, indem er uns *Zeit erspart*, die besten Erzeugnisse der Kunst direkt ins Haus bringt. Man muß nur wissen, daß dieser Zauberer einen Nachteil hat: Da er verpflichtet ist, Millionen Menschen mit den verschiedensten Geschmacksrichtungen und nach ihren Bedürfnissen zufriedenzustellen (und der Bildschirm ist schließlich allein!), arbeitet er ohne Rast gleich auf vier Kanälen (das heißt in vier Programmen) für alle gleichzeitig: Suchen Sie selbst aus, was Sie brauchen. Und es ist an uns, uns darüber *klarzuwerden,* was wir brauchen. Zu diesem Zweck gibt es die Programme. Wir suchen vorher aus, was wir ansehen möchten: drei, vier Sendungen in der Woche, manchmal auch nur eine oder zwei, und es kommt auch vor, daß wir nicht eine einzige ansehen. Und Schluß. Und keine Probleme.

Alles hintereinander anzusehen, hat natürlich überhaupt keinen Wert – wozu müssen wir zu einem Allesfresser werden? Obendrein – das lange Sitzen, ein Überfluß an Eindrükken, Übermüdung . . . Und trotzdem ist das meiner Meinung nach noch nicht das Schlimmste. Noch schrecklicher ist ein Fernseher, der den ganzen Tag läuft. Ob man hinsieht oder nicht – ist gar nicht wichtig, er läuft, und der Sprecher kann nach Herzenslust lächeln und reden – er tut das für niemanden, und ein Künstler kann weinen und die Gefühle und das Urteilsvermögen eines leeren Stuhls ansprechen; und selbst dem besten Sänger der Welt und der wichtigsten Persönlichkeit des öffentlichen Lebens kann man doch ganz einfach, verzeihen Sie, den Mund zustopfen, wenn man nur an diesem schönen, glänzenden Knopf dreht!

Haben Sie vielleicht schon einmal ein Kind beobachtet, das mit dummem Blick an diesem Knopf dreht und gleichgültig auf alles starrt, was dort auf dem Bildschirm *flimmert?* Das ist schrecklich, sinnlos, unmenschlich! Was soll das, was soll dieser Kasten, dieser Bildschirm und ähnliche Technik – auf dem Bildschirm erscheint doch schließlich das, was Menschen, die etwas aussagen, weitergeben und berichten wollen, für Menschen gemacht haben. Wenn das Kind weint, weil es das Unglück einer hölzernen Puppe miterlebt, ist das normal. Aber wenn das Kind gleichgültig mit einem Blick über das von Schmerz entstellte Gesicht eines lebendigen Menschen hinweggeht – was ist das, wenn nicht Mord am Menschlichen im Menschen?!

Boris Pawlowitsch: Ist das nicht vielleicht zuviel – Mord? Das Kind versteht doch schließlich, daß es sich da um einen Künstler handelt und daß in Wirklichkeit . . .

Lena Alexejewna: Was redest du da? Denk doch bloß einmal darüber nach, *was* du da sagst! Du erinnerst dich, wie einmal ein guter Bekannter von uns, übrigens ein kluger und sicherlich herzensguter Mann, beschloß, die Mädchen zu trösten, die bitterlich darüber weinten, daß Gerasimow Mumu ertränken mußte[28]. »Warum? Warum hat er das getan, Mamotschka?« flüsterte mir meine dreijährige Tochter verzweifelt zu, während sie in Tränen zerfloß und nicht wagte, auf den Bildschirm zu schauen. Und dann eine ruhige Stimme und ein Lächeln: »Na, was ist denn mit dir, du Dummerchen – er ertränkt sie in Wirklichkeit doch gar nicht, das sind doch nur Schauspieler, sie haben einen Film gedreht und ihn dann wieder herausgezogen. Der läuft bestimmt irgendwo lebendig herum . . .« – »Ja?« wunderte sich das Mädchen und starrte neugierig auf den Bildschirm. Ich aber war bereit, diesen »klugen« und »herzensguten« Menschen zu schlagen – mir fehlten die Worte, und ich hatte das scheußliche Gefühl, als ob mir jemand eine Gemeinheit angetan hätte, ohne daß ich mich wehren konnte. So war es auch tatsächlich, obwohl unser Bekannter anscheinend überhaupt nicht begriff, was er angerichtet hatte.

Boris Pawlowitsch: Ich hätte das wahrscheinlich nicht so gesagt wie er, aber, ehrlich gesagt, ich hätte mich auch nicht so aufgeregt wie du: Denn der Mann wollte doch Gutes tun, und außerdem hat er doch im wesentlichen die Wahrheit gesagt . . .

Lena Alexejewna: Das war eine Lüge und nicht die Wahrheit! Eine Lüge, weil Mumu tatsächlich ertränkt wurde, weil Ungerechtigkeit und Brutalität im wirklichen Leben tatsächlich existieren und weil man sie hassen muß. Ich weiß, was du sagen willst: Es ist besser, wenn man das im wirklichen Leben lernt, wenn man das nicht nur miterlebt, indem man auf den Bildschirm schaut, sondern wenn man mit der tatsächlichen Ungerechtigkeit kämpft, sobald man auf sie trifft. Richtig! Aber um in der Lage zu sein, gegen Lüge, Ungerechtigkeit, Gemeinheit und Abscheulichkeit zu kämpfen, muß man gelernt haben, sie zu sehen und sie unter jedem beliebigen Äußeren zu erkennen. Eben das lehrt die Kunst, sie lehrt, nach dem Hohen und Klaren zu streben, welch seltsame und ungewöhnliche Formen sie auch annehmen mag, und sie lehrt ebenso, sich allem Unmenschlichen entgegenzustellen, in welche Masken es sich auch verkleidet haben mag. Man muß nur ihre Sprache verstehen und echte Kunst von eingebildeter Kunst unterscheiden – aber auch das muß man von Kindheit an an Hand der besten Beispielen der Weltkultur und unserer sowjetischen Kultur lernen.

Traurig muß ich gestehen, daß wir hier vieles ausgelassen haben: Unsere Kinder kennen die Geschichte der Malerei, der Musik fast nicht, von Bildhauerei und Architektur ganz zu schweigen. Sie waren selten im Theater, sogar ins Kino gehen wir nicht oft mit ihnen. Sie sind kaum in der Lage, berühmte Komponisten, Maler, Architekten beim Namen zu nennen oder sich an ihre Werke zu erinnern. So ist es nun einmal. Und wir haben in dieser Hinsicht, wie man sagt, keinen Anlaß, den Mund vollzunehmen: Dafür reichte es bei uns nicht, zu meinem ganz großen Bedauern. Aber mich tröstet eine Überlegung, und die will ich vor Ihnen rechtfertigen. Sie besteht in folgendem. Was ist nach Ihrer Ansicht wichtiger: nach dem Hören zu erraten, von wem die eine oder andere Melodie stammt, oder diese Melodie mit dem Herzen nachzufühlen, sie mit dem ganzen Wesen zu erwidern? Was ist besser: ohne Ausnahme zu wissen, was Raffael gemalt hat oder in Verehrung vor einer einfachen Reproduktion der »Sixtinischen Madonna« zu versinken, ohne daß man den Urheber kennt oder weiß, was die einzelnen Details dieses Bildes bedeuten? Natürlich, gut wäre das eine und das andere. Einige mögen sagen, daß man, wenn man nicht weiß, wer ein Werk schuf, wann und warum es geschaffen wurde, seine eigentliche Tiefe nicht begreift und daß man es nicht wirklich nachempfinden kann. Wahrscheinlich hängt viel von der Bildung ab, aber nicht alles, bei weitem nicht alles! Wenn ich Kinder sehe, die mit leidenschaftslosen und manchmal gelangweilten Gesichtern im Chor singen oder mit gleichgültiger Miene auch sehr schwierige Stücke auf dem Klavier spielen, wird mir schwer ums Herz: Wozu das? Wozu das Können, wenn die Seele schweigt? Denn Musik bedeutet doch, daß ein Mensch mit einem anderen Menschen ohne Worte über etwas sehr Kompliziertes und etwas sehr Persönliches redet. Aber hier – keinerlei Gemütsbewegungen. Nein, besser ist es anders herum: Nicht Ausführender sein, aber zuhören, sehen und verstehen können.

Manchmal lieben wir es, mit den Kindern der Stille der Nacht zuzuhören, wir können stehenbleiben und auf das unwiederholbar reizvolle Spiel des Sonnenuntergangs schauen oder auf ein richtiges Wunder – den mit Reif bedeckten Garten, oder wir sitzen still im dunklen Zimmer beim Klavier und hören der ganz einfachen Melodie zu, die Anotschka so eindringlich und zart spielt . . .

Boris Pawlowitsch: Und trotzdem bestehe ich darauf, daß der Mensch selbst handeln, ausprobieren, etwas schaffen muß und sich nicht einfach das aneignen kann, was jemand anderes gemacht hat. Das betrifft auch den Bereich der Kunst. Du hast noch gar nichts über unsere Konzerte und Aufführungen erzählt, darüber, daß die Kinder selbst die Dekorationen anfertigen, Gedichte verfassen und sogar Stücke und Lieder dichten. Ist das nicht auch Hinwendung zur Kunst?

Gibt es bei Ihnen Familienfeiern?

Lena Alexejewna: Sogar viel zu viele, wie es scheint, weil zu allen Volksfeiertagen, die wir sehr lieben und immer in der Familie begehen, auch noch unsere Familienfeiern kommen. Manchmal, wenn ich müde von den anfallenden Piroggen und Kuchen bin, die ja jedesmal für fünfzehn bis zwanzig Mann gebacken werden müssen, singe ich halb im Spaß vor mich hin: »Leider müssen wir zehnmal im Jahr Geburtstag feiern!«

Boris Pawlowitsch: Eigentlich gibt es noch einen elften, obwohl er vielleicht nicht der elfte ist, sondern der *erste* – das ist der Geburtstag unserer Familie – nicht unser Hochzeitstag, sondern der Tag, an dem wir uns das erste Mal begegneten, weil die Hauptsache doch die Begegnung ist und nicht – aneinander vorbeizugehen. Und für diesen Tag kaufen wir Äpfel und Kuchen, und alles teilen wir in zwei Hälften – wie damals, vor vielen Jahren, am Tag unserer ersten Begegnung.

Lena Alexejewna: Das ist heute schon Tradition bei uns. Wir haben nicht sehr viele Traditionen, aber die, die wir haben, sind uns teuer, und sie bleiben lange Zeit lebendig.

Wie verlaufen also unsere Familienfeiern? Wir händigen Ihnen jetzt eine Einladungskarte aus, und seien Sie herzlich willkommen zu unserem Feiertag! Kommen Sie und lassen Sie sich durch das Gekreische und das Lachen nicht stören – da finden nämlich die Kostümanprobe und die letzte Probe statt, die manchmal auch die erste ist: Die Schauspieler haben nämlich nicht immer genug Geduld für mehrere Proben, sie ziehen das Experiment vor, und dabei kommt manchmal nicht nur eine Überraschung für das Publikum, sondern auch für sie selbst heraus. Unten in der Küche steht der Dampf in einer dicken Säule – hier ist man mit der Vorbereitung des Essens beschäftigt, wobei es sich diesmal nicht um geistige Nahrung handelt, sondern um ganz und gar materielle. Und deshalb ist hier in der Regel niemandem zum Lachen zumute, da sonst etwas anbrennen, überlaufen oder verkochen könnte. Ich kann mich kaum noch auf den Beinen halten – vor Hitze, Eile, Lärm und Aufregung. Jetzt sieht es so aus, als ob alles fertig ist, man kann also schon den Tisch decken und die Gäste rufen. Nun, das machen immer die Mädchen, während ich mich einen Augenblick ausruhe und Ihnen auf die Frage antworte, die Sie mir – ich fühle es schon – jetzt stellen wollen: »Und warum geben Sie sich denn mit Piroggen, mit dem Teig ab – ist es Ihnen nicht um die Zeit schade? Sie hätten doch eine Torte oder etwas Fertiges kaufen können – alle würden das essen. Und Sie hätten überhaupt keine Scherereien.«

Was soll ich darauf antworten? Es stimmt, Scherereien hätte ich keine, aber ich hätte auch weniger Freude! Wieviel Vergnügen haben doch alle schon allein am Geruch des Teigs. Und jeder kann ihn berühren und mit den Handflächen kneten – wie fein, nachgiebig und warm er ist, gleichsam lebendig! Und man kann ihn selbst ausformen, wie man will, ihn verschönern, wie es einem in den Sinn kommt, und auch einen richtigen fröhlichen Brotlaib aus ihm machen – ihn vorsichtig aus dem Ofen holen, ihn den Babuschkas zum Geschenk machen und stolz sagen: »Das habe ich selbst gemacht!« – wie soll man ohne all das leben?

Wenn es nur um den Bauch ginge, würde ich mich damit nicht abgeben – ihn verwöhnen wir ohnehin, wie mir scheint, viel zu sehr. Hier geht es um etwas anderes: Der Feiertag besteht nicht darin, daß Kuchen gegessen wird, sondern darin, daß er gebacken wird. Daß alle Gäste mit etwas Selbstgemachtem bewirtet werden. Jetzt haben wir aber wirklich lange genug über die Piroggen gesprochen, es ist an der Zeit, daß wir sie probieren. Alles ist fertig – ich bitte zu Tisch!

Boris Pawlowitsch: Und die Schauspieler sind auch fertig und bitten, daß zuerst das Konzert stattfindet, sie sind aber schon in den Kostümen.

Lena Alexejewna: Wahrlich, in diesem Haus gibt es keine Ordnung! Erst bitten wir die Gäste zu Tisch, und dann rufen wir sie wieder weg – jeder macht, was er will! Unter diesen Bedingungen fragen wir gewöhnlich die Gäste: Wie würden Sie es gerne haben? Und die Gäste antworten (vielleicht aus Höflichkeit) stets: Natürlich wollen wir zuerst das Konzert hören.

Boris Pawlowitsch: Alle Nummern bereiten die Kinder selbst vor, sie stellen auch das Programm des Abends zusammen, wählen den Conférencier aus, und die Jungen bereiten Licht- und natürlich Geräuscheffekte vor. Die kleinen Vorhänge, also *der* Vorhang, wird nicht einfach so bewegt, sondern mit Hilfe einer kniff/ig erdachten Vorrichtung – alles auf dem Niveau . . .

Lena Alexejewna: . . . der Familiennormen, leider. Die Liebe zum Improvisieren läßt einen manchmal auch im Stich, und ohne Vorbereitung kommt manchmal nicht das heraus, worauf man gerechnet hat. Deshalb hören wir manchmal von hinter den »Kulissen«: »Schneller, schneller – du bist dran!« – »Ich kann nicht – ich hab' alles vergessen.« – »Nun geh schon endlich!« – »Nein, du!« – »Leiser . . . leise!« – Auf die Szene stößt man nun den errötenden »Conférencier«, und – das

Konzert wird fortgesetzt! Auf dem Programm stehen: Gedichte und Lieder (darunter auch selbstverfaßte), Stücke (nur selbstgemachte), Musik, Klavierspiel, wieder Musik, Balalaika, akrobatische Nummern, Tänze, Pantomimen, Clownerien, Tricks . . . – in einigen Nummern sind fast alle Genres auf einmal vertreten.

Nicht selten nimmt das »Publikum« an den Auftritten teil, und die »Schauspieler« werden Zuschauer. Lachen, Applaus – all das ist echt. Aber die Hauptsache ist – die echte Aufregung vor dem Auftritt, der Eifer, alles so gut wie möglich zu machen, und die Freude für den anderen, wenn alles gutgegangen ist – das ist wirklich die Hauptsache.

Nach einem so stürmischen Anfang geht es auch bei Tisch stürmisch und fröhlich zu. Alle stoßen an und bringen der Reihe nach Toasts oder Glückwünsche auf den Urheber der Feier aus und trinken aus großen Gläsern – Limonade, so viel jeder will. Sie wundern sich, daß die Kinder mit den Erwachsenen zusammen an einem Tisch sitzen? Und daß die Erwachsenen in Gegenwart der Kinder und sogar mit den Kindern trinken und daß sie auch . . . Limonade trinken? Wundern Sie sich nicht: Wir feiern sogar das Neue Jahr so. Und warum auch nicht? Dem Aussehen und der Farbe nach ist Limonade das gleiche wie Champagner und dem Geschmack nach – so ist die einstimmige Meinung der Familie – sogar noch viel besser. Die Hauptsache ist, daß man miteinander anstößt, sich in die Augen schaut und daß man sich die herzlichsten Worte auf der Welt sagt . . .

Boris Pawlowitsch: Man glaubt mir vielleicht nicht, wenn ich sage, daß bei uns Weinflaschen, die uns Gäste mitgebracht haben, die uns *zum ersten Mal* besuchten, monatelang, ja sogar Jahre ungeöffnet stehenbleiben.

Und das nicht, weil bei uns das trockene Gesetz herrscht oder irgendein Verbot. Es bringt uns überhaupt nichts, dieses Flaschenglück, *überhaupt nichts,* und das ist alles. Ebensowenig wie Zigaretten, möchte ich bei dieser Gelegenheit noch sagen.

Interessant ist, daß unsere Kinder, auch wenn sie schon Jugendliche sind, die gleiche Beziehung zu diesen Attributen scheinbarer Männlichkeit und sichtlicher Schwäche haben: Sie empfinden keinerlei Neugier und fühlen sich auch nicht davon angezogen – das sagt ihnen einfach *gar nichts*.

Lena Alexejewna: Wenn wir darüber erzählen, glaubt man uns nicht. Aber was ist daran nicht zu glauben? Das ist meiner Ansicht nach einfach *normal*. Denn kein Mensch wird sich selbst mit Tuberkulose, Krebs oder etwas Ähnlichem infizieren wollen. Unnormal ist das andere: zu wissen, daß all das Gift und Krankheit bedeutet, und man es trotzdem mit Gewalt in sich hineinzwängt, und zwar so lange, bis es sich dort in der Leber festgebissen und aus dem Menschen einen Haufen Fäule gemacht hat.

Trotzdem meine ich, daß es an der Zeit ist, von diesem bitteren Thema zu unserem Feiertag zurückzukehren, um so mehr, als es auf der anderen Seite des Tisches, dort, wo die Kinder unter dem Kommando der Mädchen Platz genommen haben, verdächtig still geworden ist. Und einer fehlt. Und was für seltsame Blicke werden da gewechselt, was ist das für ein Flüstern, und was bedeutet das Rascheln unter dem Tisch? Was ist das? Aha, die Geschenke – jetzt bringen sie dem Geburtstagskind die Geschenke. Wer es kann, kauft etwas (aber nicht einfach so!), wer es nicht kann – macht selbst etwas. Gut ist das – etwas zu schenken. Ich habe immer wieder festgestellt, daß derjenige, der ein Geschenk gibt, oft mehr Zufriedenheit im Gesicht hat als der, der ein Geschenk bekommt. Das ist gut!

Boris Pawlowitsch: Als letzter macht das Geburtstagskind selbst ein Geschenk – der Mutter. So ist es bei uns schon lange – seit der Zeit, als das erste Geburtstagskind in der Lage war, etwas zu schenken. Wir alle meinen, daß das auch so sein muß:

Mutter hat ihm an diesem Tag das Allerwichtigste gegeben, was der Mensch am Anfang braucht – das Leben. Und der Mensch wächst heran und schenkt seiner Mutter auch das Allerwichtigste – seine Fürsorge.

Lena Alexejewna: Unser Feiertag geht auf der Außentreppe zu Ende – manchmal mit einem Feuerwerk und bengalischen Lichtern. Wir geleiten die Gäste hinaus und rufen im Chor von der Türschwelle aus: Auf Wie-der-se-hen!

Kann man zu Ihnen kommen? Ihre Adresse?

Lena Alexejewna: Sie möchten alles mit eigenen Augen ansehen? Das ist verständlich. Wir wären selbst sehr gerne bei uns zu Gast und würden gerne von außen auf uns schauen: Vielleicht ist etwas nicht so, wie wir es erzählt haben. Schade, daß das nicht möglich ist, wie es auch nicht möglich ist, alle diejenigen zu empfangen, die sich bei uns aufhalten möchten.

Im Jahre 1963 schrieben wir in unserem Büchlein *Haben wir recht?:* »Schreiben Sie uns, kommen Sie zu uns, unsere Adresse . . .« Aber im Jahre 1977 mußten wir diese Erklärung an der Birke am Weg anbringen:

»Liebe Genossen! Wir sind bereit, Sie am letzten Sonntag des Monats zu jeder beliebigen Zeit von 10.00 Uhr an zu empfangen. Wir bitten Sie wegen dieser erzwungenen Begrenzung um Verzeihung, aber sie ist unbedingt notwendig für ein normales Leben und Arbeiten.«

Es war direkt beschämend, sie aufhängen zu müssen, und es ist unangenehm, an ihr vorbeizugehen, aber . . . im Jahre 1975 hatten wir 420 Gäste, 1976 waren es 470 und im Jahre 1977 über 450. Wir bitten Sie sehr: denken Sie daran, wenn Sie zu uns kommen wollen oder uns unter der Adresse: 141 090 Bolschewo, Graschdanskaja 53, schreiben möchten.

Anmerkungen

1. Schtschi (Kohlsuppe) und Kascha (Brei aus verschiedenen Zutaten) sind alte russische Nationalgerichte. Anm. d. Hrsg.

2. W. S. Skripaljow, *Stadion w kwartire* (Das Stadion in der Wohnung), in: *Fiskultura i sport* (Körperkultur und Sport), Nr. 5, 6 u. a. 1977. Anm. d. Verf.

3. Der Titel »Meister des Sports« ist eine begehrte, nicht sehr häufige Auszeichnung für besondere sportliche Leistungen. Anm. d. Hrsg.

4. Über die Feminisierung des sowjetischen Bildungswesens (Erzieherinnen im Kindergarten, fast nur Lehrerinnen, Pionier- und Komsomolführerinnen, Rückzug der Väter in der Familie usw.) wird in der Presse häufig geklagt. Anm. d. Hrsg.

5. Spezialschulen mit Schwerpunktunterricht in Sport, aus denen häufig künftige Olympiasieger hervorgehen, Anm. d. Hrsg.

6. Gemeint ist der Astrid-Lindgren-Held »Karlsson vom Dach«, der »beste Streichemacher der Welt«. Anm. d. Hrsg.

7. Das Wort »Wunderkind« haben die Russen aus dem Deutschen übernommen. Anm. d. Hrsg.

8. Russisch: *N*jeobratimoje *u*gasanije *w*osmoschnostjej *e*ffektinogo *r*aswitija *s*posobnostjej. Anm. d. Hrsg.

9. Möbel aus Polen, der ČSSR, der DDR und ganz besonders aus Finnland sind in der UdSSR sehr begehrt und gelten als besonders schick. Anm. d. Hrsg.

10. Dmitrij I. Mendelejew (1834–1907), russischer Chemiker, der 1869 das Periodensystem aufgestellt hat. Anm. d. Hrsg.

11. Sophia W. Kowalewskaja (1850–1891), russische Mathematikerin, die im zaristischen Rußland nicht lehren durfte und Professorin in Stockholm wurde. Anm. d. Hrsg.

12. Unionsweite Schülerwettbewerbe in mehreren Fächern, in denen begabte Schüler sich profilieren können, um besonders gefördert zu werden. Anm. d. Hrsg.

13. Wortspiel: nitotschka = Fädchen, Schnürchen; also etwa: Firma »Nikitins Schnürchen«. Anm. d. Hrsg.

14. Diminutiv von Wladimir. Anm. d. Hrsg.

15. Mitglied der Ukrainischen Akademie der Wissenschaften, Kiew, ein bekannter sowjetischer Herzchirurg. Anm. d. Hrsg.

16. Gemeint ist Lenin. Anm. d. Hrsg.

17. Populäre sowjetische Filmmelodie. Anm. d. Hrsg.

18. Spezialschule mit Schwerpunktunterricht in Englisch, Anm. d. Hrsg.

19. Zusammengezogen aus »Marija Iwanowna«. So heißt hier die Lehrerin, die in Rußland auch mit Vor- und Vatersnamen angeredet wird. Anm. d. Hrsg.

20. Populärer russisch-sowjetischer Schriftsteller (1880–1932), eigentlich: Alexander Stjepanowitsch Grinjewskij. Grins romantisch-phantastische Romane und Novellen spielen in dem von ihm erdachten »Grinland«. Anm. d. Hrsg.

21. Wladimir Fjodorowitsch Tendrjakow, geb. 1923, fing 1947 an zu schreiben, wurde aber erst nach Stalins Tod (1953) bekannt. In der Bundesrepublik erschienen seine Romane »Fjodor sucht die Wahrheit« (1966) und »Die Nacht nach der Entlassung« (1976). Die von den Nikitins erwähnte Erzählung ist 1977 im Kinderbuchverlag (DDR) erschienen. Anm. d. Hrsg.

22. Boris Lwowitsch Wasiljew, geb. 1924, ist Redaktionsmitglied der Jugendzeitschrift *Junostij*. Seine Erzählung *Schießt nicht auf weiße Schwäne* erschien 1976 im Aufbau-Verlag (DDR). Anm. d. Hrsg.

23. Nikolaj Nosow, geb. 1908, veröffentlicht seit 1938 Kinderliteratur. 1958 erschien in deutscher Übersetzung »Der Nimmerklug im Knirpsenland«.

Viktor J. Dragunskij, geb. 1913, seit 1959 Kinderbuchautor. In deutscher Übersetzung erschien *Denis, der fröhliche Spinner* (1974).

Anatolij G. Aljeksin, geb. 1924, schreibt seit 1945 vor allem Kinderbücher und ist Mitglied der Redaktion der Jugendzeitschrift *Junostij*.

Nikolai J. Dubow, geb. 1910, Kinderbuchautor seit 1951. In deutscher Übersetzung sind erschienen »Das Zelt am Meer« (1974), »Leuchtfeuer auf dem Fluß« (1975). Anm. d. Hrsg.

24. Bedeutender polnischer Arzt, Schriftsteller und Pädagoge, geb. 1878, mit seinen 200 jüdischen Waisenkindern 1942 in Treblinka ermordet. 1972 posthum mit dem Friedenspreis des Deutschen Buchhandels geehrt. Anm. d. Hrsg.

25. Richie M. Dostjan, geb. 1915, Schriftstellerin, Bücher für Kinder, u. a. 1956 »Zwei Menschen« und »Der unerwartete Freund« (1959). Anm. d. Hrsg.

26. Vera F. Panowa, 1905–1973, große alte Dame der Sowjetliteratur. »Serjoscha« ist 1965 in der Bundesrepublik erschienen. Anm. d. Hrsg.

27. Nikolaj G. (Garin-)Michaijlowskij (1852–1906) vorrevolutionärer Schriftsteller, Hauptwerk: Tetralogie *Tjomas Kindheit* (1892). Sergej Timofejewitsch, Aksakow, (1791–1859), russischer realistischer Schriftsteller. *Die Kinderjahre Bagrows des Enkels* erschien 1858. Anm. d. Hrsg.

28. *Mumu,* Erzählung von Iwan S. Turgenjew. Anm. d. Hrsg.

1
Heinrich Böll
Vermintes Gelände

Dieser jüngste Band mit Schriften Heinrich Bölls aus den Jahren 1977–1981 zeigt eine deutliche Verschiebung des Interesses von der Literatur zur zeitkritischen Analyse und Stellungnahme.   266 Seiten. DM 12,80

2
Günter Wallraff
Der Aufmacher

Günter Wallraff ist ein Autor, der bei der Wahrheitssuche seine ganze Existenz ins Spiel bringt, um ganz nah an die Dinge heranzukommen. Von einem solchen schon legendär gewordenen Alleingang handelt sein Buch »Der Aufmacher. Der Mann, der bei Bild Hans Esser war«.
                240 Seiten. DM 9,80

3
Gabriel García Márquez
Hundert Jahre Einsamkeit

Hundert Jahre Einsamkeit, das große Epos Lateinamerikas, verschaffte Gabriel García Márquez Weltgeltung. Der Leser gerät sofort in den Bann einer mitreißenden Erzählung, die die geschichtliche Wirklichkeit und die Tragödie Lateinamerikas enthüllt. 480 Seiten. DM 12,80

4
Bernt Engelmann
Weißbuch: Frieden

Bernt Engelmann, der von Anfang an aktiv in der Friedensbewegung engagiert war, stellt in diesem Buch die Argumente der Anhänger der Friedensbewegung den Argumenten der Rüstungsbefürworter gegenüber.

180 Seiten. DM 8,80

5
Katherine Mansfield
In einer deutschen Pension

Die Meisterschaft scharfer Beobachtung und natürlicher Komik, die Katherine Mansfield in diesen Erzählungen bewies, begründete ihren frühen Ruhm. Diese Kabinettstücke, die mit dem souveränen Witz des fremden Blicks die vielfältigen Erscheinungsformen des »deutschen Wesens« treffen, liegen zum ersten Mal in einer Einzelausgabe vor.

128 Seiten. DM 8,80

6
Joseph Roth
Hiob

»Dieses Leben eines alltäglichen Menschen ergreift uns, als schriebe einer von unserem Leben, unseren Sehnsüchten, unseren Kämpfen. Ein großes und erschütterndes Buch, dem sich niemand entziehen kann.« Ernst Toller

224 Seiten. DM 9,80

KiWi

7
Isaac Asimov
Die schwarzen Löcher

Asimov, als Sachbuch- und Science Fiction-Autor ein hervorragender Kenner der astronomischen Forschung, schreibt die Geschichte der Schwarzen Löcher, die gleichzeitig die Geschichte der Sterne ist.

224 Seiten. DM 14,80

8/9
Kate Millett
Fliegen – Flying

FLYING, neben SITA Kate Milletts persönlichstes Buch, ist eine sehr genaue Beschreibung der ersten Jahre der Frauenbewegung und zugleich ein Stück Autobiographie einer ihrer aktivsten führenden Figuren.

780 Seiten. 2 Bände à DM 14,80

10
Heinrich Böll
Haus ohne Hüter

Heinrich Bölls Roman HAUS OHNE HÜTER ist ein lebendiges Stück Nachkriegsgeschichte, zugleich eines der gelungensten und wichtigsten Bücher der deutschen Literatur nach dem Krieg. Zwei Kinder, beide vaterlos, erzählen ihre Geschichte aus wechselnden Perspektiven.

336 Seiten. DM 9,80

11
Charles Bukowski
Der Mann mit der Ledertasche

Den »besten Dichter Amerikas« haben Sartre und Genet den in Deutschland geborenen Charles Bukowski genannt. Mit Witz und ironischer Schlagkraft erzählt er hier die Geschichte seiner Erfahrungen als Briefträger.

176 Seiten. DM 9,80

12
Ronald D. Laing
Liebst du mich?

Etwas von diesem Manöver aus Taktik und Emotion steckt in jeder menschlichen Beziehung. Wer sich Laings »Liebesgedichten« stellt, erfährt eine Menge über sich selbst und die anderen. 144 Seiten. DM 8,80

13
Gabriel García Márquez
Bericht eines Schiffbrüchigen

Auf der Fahrt von den USA nach Kolumbien gehen bei einem Sturm mehrere Matrosen über Bord eines Kriegsschiffes. Nur einem gelingt es, ein Rettungsfloß zu erreichen. Voller Spannung und Schaudern durchlebt der Leser mit dem Schiffbrüchigen zehn Tage auf diesem Floß.

176 Seiten. DM 10,80

14
Manfred Coppik/Jürgen Roth
Am Tor zur Hölle

Dieses Buch zur Kriegsdiskussion überrascht und schokkiert durch Mitteilungen, die der Bevölkerung und nichteingeweihten Politikern bisher vorenthalten wurden. Zum ersten Mal wird der Atomkrieg hier in seiner ganzen Grausamkeit anschaulich durch sogenannte »Szenarien«, die über die Auswirkungen eines Atomkriegs in Europa und den USA ins Bild setzen. Das Material dazu stammt aus amerikanischen Archiven; es ist der deutschen Öffentlichkeit noch völlig unbekannt.

Ca. 320 Seiten. DM 12,80

15
Boris und Lena Nikitin
Vom ersten Lebensjahr bis zur Schule

Das Buch des russischen Elternpaares Boris und Lena Nikitin DIE NIKITIN-KINDER.
EIN MODELL FRÜHKINDLICHER ERZIEHUNG hat bei Eltern und Erziehern ein ungewöhnliches Interesse gefunden. Die Nikitins haben ihre Kinder auf spielerische Weise schon sehr früh gefordert, ihnen Selbständigkeit, soziales Verhalten und intellektuelle Leistungen abverlangt, wie es sonst in den ersten Lebensjahren nicht üblich ist. Die überaus positive Entwicklung ihrer sieben Kinder hat ihnen recht gegeben.
VOM ERSTEN LEBENSJAHR BIS ZUR SCHULE ist ein Teil des Buches DIE NIKITIN-KINDER, der jetzt von den Autoren um wesentliche Informationen (die Behandlung von Krankheiten ohne Medikamente, Ernährungsfragen, die Einrichtung des Nikitinschen Sportzimmers u. a.) erweitert wurde.   144 Seiten. DM 9,80

16
J. D. Salinger
Der Fänger im Roggen

»Worauf aber begründet sich der Ruhm J. D. Salingers? Seit Hemingway und Fitzgerald gibt es in der amerikanischen Prosa keinen Erzähler, der jede Distanz zwischen Leser und Autor aufgehoben zu haben scheint – außer Salinger«.   Helmut M. Braem in »Stuttgarter Zeitung«
272 Seiten. DM 8,80

17
Günter Wallraff
Zeugen der Anklage

Nach Günter Wallraffs Bestseller DER AUFMACHER erscheint jetzt auch sein Folgeband ZEUGEN DER ANKLAGE in der Reihe KIWI. Diese beiden Bücher, die die Macht-Struktur und die journalistische Praxis eines unserer größten und einflußreichsten Medienkonzerne enthüllen, haben bisher über eine Million Käufer gefunden. Wallraffs Appell, daß journalistische Auswüchse ein Mißbrauch der Pressefreiheit sind, ist von einer großen Öffentlichkeit richtig verstanden worden.

18
George F. Kennan
Im Schatten der Atombombe

Kennan analysiert die Entwicklung der amerikanisch-sowjetischen Beziehungen von ihren Anfängen bis heute. Zugleich macht er deutlich, daß sich die derzeitige Weltsituation in einer sehr gefährlichen Phase befindet. Wenn die Abrüstungsbemühungen scheitern, rückt der Wahnsinn eines Atomkrieges in bedrohliche Nähe.
Friedenspreis des Deutschen Buchhandels 1982.
Ca. 300 Seiten. DM 14,80